양계초론

양계초 사상과 교육관

구자억 지음

신정

머리말

이 책을 집필하게 된 동기는 필자가 중국유학시절 접하게 된 양계초에 대한 매력 때문이다. 오랜만에 출판사의 요청으로 절판된 이 책을 다시 한 번 검토할 기회를 갖게 되었다. 집필한지 20여 년이 흐르다보니 여기 저기 부족한 부분이 많이 보인다. 차제에 이 책 전반을 꼼꼼히 검토하고 내용보완과 윤문과정을 거쳐 새롭게 세상에 내놓게 되었다.

잊고 지냈던 양계초에 대한 글을 읽으면서 감회가 새롭게 떠오른다. 양계초의 선각자적인 면모와 시대를 앞서가는 혜안 그리고 애국심을 다시 한 번 생각해볼 기회를 가지게 되었기 때문이다.

그 사이 세상이 참 많이 변했다. 한국은 경제적으로 선진국 문턱에 들어섰고, 20여 년 전과 비교할 수 없을 정도로 생활형편도 나아졌다. 또 국가의 경쟁력이나 위상도 몰라보게 높아졌다. 물론 중국도 예외는 아니다. 20여년전 중국은 한창 경제발전을 위해 노력하는 개발도상국이었다. 당시 중국의 국가적 위상은 바닥이었고, 사회 경제적 수준도 매우 낮았다. 그러나 2020년대의 중국은 이미 경제대국이 되어, 미국과 경쟁하는 형국이 되었다.

처음 양계초를 접하고 자료를 수집하고 글을 쓸 당시와 2020년대의 중국은 많은 변화가 있다. 근대시기의 중국과 현대의 중국 그리고 현대의 중국을 끌어가는 시진핑 주석의 3연임과 타국에 대한 외교정책을 보면서 많은 생각이 든다.

양계초가 활동하던 당시는 지식인들이 구국을 위해 활동하던 시기였다. 양계초가 강조한 사회개혁, 교육개혁, 신민의 양성 등은 당시의 사회를 혁신해 국가를 구하겠다는 일념에서 나온 사상이자 행동이었다.

작금의 세계는 함께 잘산다는 입장보다는 자국중심주의가 판을 치는 세상이다. 이런 세상에서 양계초 같은 선각자들의 사상이나 애국활동은 사실 한 나라를 지키는데 중요한 역할을 한다. 독자들은 양계초의 일생과 그가 가진 사상을 통해 사회혁신의 원동력이 무엇인지 깨달을 수 있을 것이다.

2024년 새롭게 출판된 양계초와 교육이 한국과 한국교육의 현실을 다시 한 번 생각해보는 계기가 되었으면 한다.

2024년 1월

저자 씀

차례

머리말 3
서문 9

CHAPTER 01
양계초의 생애와 활동

1. 양계초의 생애 22
1) 수학 시기 24
2) 유신활동 시기 30
3) 언론활동 시기 35
4) 정치활동 시기 38
5) 학술, 교육활동 시기 40

2. 양계초의 교육실천활동 42
1) 시무학당(時務學堂)에서의 교육실천 42
2) 백일유신(百日維新) 기간의 교육활동 45
3) 만년의 학술강연과 저술활동 48

3. 양계초의 교육방면 저작 49
1) 변법통의 49
2) 상남피장상서논개서원과정서 50
3) 여임적신태수논절중학당과정응제창실학서 51
4) 교육정책사의 51
5) 신민설 52

CHAPTER 02
양계초의 사상 형성 배경

1. 유학의 영향 54

2. 서학(西學)의 영향 62

3. 진화론의 영향 66

4. 불학(佛學)의 영향 71

CHAPTER 03
중국의 민족적 과제와 구국교육

1. 시대적 배경 76

2. 시대적 요구와 구국방법으로써의 교육 82

3. 중국혼으로서의 신민 90

1) 공덕(公德) 93

2) 국가사상 94

3) 진취 모험정신 95

4) 권리사상 96

5) 자유사상 97

6) 자치사상 98

7) 자존 99

8) 합군(合群) 99

9) 의력(毅力) 100

10) 의무사상 100

11) 상무정신 101

12) 자아수양 102

CHAPTER 04
양계초의 인재교육론

1. 교육의 종지(宗旨) 106
   1) 교육종지(宗旨)의 의미 106
   2) 교육종지의 내용 108

2. 민지(民智)의 계발과 인재의 육성 112
   1) 민지의 계발 115
   2) 인재의 육성 123

CHAPTER 05
양계초의 자강과 구국을 위한 교육개혁론

1. 과거제의 개혁과 신 학교제도의 추구 132
   1) 과거제의 개혁 132
   2) 삼책(三策) 134
   3) 신 학교제도의 구상 141

2. 민지를 계발하는 보통교육 145
   1) 국민교육 145
   2) 아동교육 149
   3) 여자교육 157

3. 전문교육 164
   1) 사범교육 164
   2) 정치교육 169
   3) 고등교육 174

CHAPTER 06

양계초의 민족의식배양 교육론

1. 역사, 국사교육 187
2. 소설교육 192
3. 국문교육 198
4. 도덕교육 202

CHAPTER 07

양계초 사상과 한국 근대교육사상

1. 양계초의 저작과 한국의 전파 209
2. 근대 한국교육사상가에 대한 영향 216
   1) 진화론의 수용과 양계초 217
   2) 신민사상의 수용과 양계초 220
   3) 당시의 교육적 주장과 양계초 225

CHAPTER 08

양계초의 교육사상사적 위치

1. 중국근대교육사상에서의 위치 234
2. 한국 근대교육사상에서의 위치 239

■ 참고문헌 242
■ 찾아보기 245

서문

양계초는 중국 근대 시기의 걸출한 사상가일 뿐 아니라 정치가이며, 교육가였다. 그의 사상은 그 범위와 깊이가 매우 넓을 뿐만 아니라, 변화무쌍했기 때문에 후세에 그를 연구하는 학자들조차 그의 사상의 총체를 알기가 어렵다고 고백하고 있을 정도이다. 현대사회에서 과거 위인들의 흔적을 탐구하는 것은 그들의 삶과 사상을 통해서 사회발전의 단초를 찾을 수 있기 때문인데, 양계초에 대한 탐구는 예상을 뛰어넘는 예지를 불러온다.

이 책을 집필하면서 양계초의 일생은 희극과 비극이 어우러진 인생이라는 것을 절감할 수 있었다. 그는 대단히 많은 글들을 남겼고, 무술유신을 이끌었으며, 정치계의 풍운아, 학술문화계의 대표 주자였다. 이렇게 본다면 그의 인생은 희극적인 요소가 많다. 그러나 그가 일생동안 추진했던 일들 중 학술방면을 빼놓고는 실제로 성공한 것이 거의 없다는 점에서는 비극적이라고 할 수 있다. 교육구국에 대한 이상도 그의 이상을 수용할 사회적 상황이 만들어지지 못함에 따라 결국은 성공하지 못하고 실패한 것을 볼 때 그렇다.

이 책은 다음과 같은 두 가지 측면에서 그 의의를 찾을 수 있다.

첫째는 한국에서 양계초에 대한 연구가 주로 사학이나 정치학 방면에서 이루어져왔지, 교육방면에 대해서는 연구가 별로 이루어져 있지 않다. 이 책에서는 양계초의 교육관을 종합적으로 분석함으로써 양계초 교육사상 연구의 조그만 장을 열었다는데 의의를 찾을 수 있다.

둘째는 양계초의 사상과 한국의 근대사상이 많은 관련성을 가지고 있다는 여러 학자들의 견해를 참고로 하여 이에 대한 점을 분석해보고자 하였다. 물론 이런 관련성을 찾아내는 일은 쉬운 일이 아니었지만 나름대로 매우 의의 있는 작업이었다고 생각된다.

서문에서는 독자들이 이 책을 읽기 전에 도움이 될 수 있도록 양계초의 사상과 교육관을 총체적으로 이해할 수 있는 몇 가지 키워드를 제시하였다.

중체서용과 중서겸습

중국에서의 근대교육은 대체로 양무운동 기간 중에 설립한 신식학당에서부터 시작되었다. 청일전쟁이 일어나기 전까지 약 20여개가 있었던 이들 학교는 "중학위체, 서학위용(中學爲體, 西學爲用)"이라는 기본이념아래, 서양의 과학기술을 교과목으로 개설하여 전문적 기술인재를 양성하였다. 그러나 그들의 사상은 중체서용론(中體西用論)에 한정되어 있었으므로 봉건전통사회가 지니고 있는 모순을 타파하는 데 까지는 이르지 못하였다.

이에 비해 양계초를 중심으로 하는 유신파의 변법운동은 서양국가의 부강함의 원인을 보다 근본적인 차원에서 파악하고 중국의 부강을 위해 제도의 개혁을 주장하였다. 당연히 그 출발은 중체서용론의 극복에서부터 시작되었다. 그러나 그들의 근본에 접근한 개혁의지는 전통사회의 윤리가 지배적이었던 당시 많은 어려운 과제를 안고 있었다.

양계초가 주장하였던 신교육은 "중서겸습(中西兼習)"을 그 기본적인 성격으로 하고 있다. 즉 중학과 서학의 동등한 수준의 학습이다. 그러나, 깊이 들어가 보면 그 단어의 뜻대로 중학과 서학을 동등한 비중으로 섭취하고자 한 것이라고 보기는 어렵다. 오히려 중학의 근본바탕 하에서의 서학겸습(西學兼習)이었다고 볼 수 있다.

이렇게 볼 때 양계초의 개혁사상은 양무시기의 개혁사상에 크게 다를 바 없는 한계를 지닌다고 볼 수 있다. 이렇게 사상적으로 한계를 지니는 이유는 어린 시절의 교육배경, 학문배경, 출신배경 등 때문이라고 할 수 있다. 이 때문에 그의 사상의 밑바탕에는 항상 유가적인 사상이 흐르고 있었다.

그럼에도 불구하고 양계초의 중서겸습에 입각한 교육개혁론은 양무시기의 서학에 대한 지극히 단편적인 인식에서 벗어나서 종래의 교육제도나 내용에 걸쳐있는 무용성을 극복하는데 기여하였다. 이와 관련하여 가장 핵심이 되는 부분이 팔고(八股)중심의 과거제에 관한 것이다.

팔고(八股)중심의 과거제 폐지

팔고란 과거시험에 쓰이는 특수한 문체를 학습하는 것을 말한다. 과거내용이 시부, 해법, 첩경, 묵의 등 팔고문을 암송하거나 쓰는 것에 치우쳐있어 지식이나 도리를 융합하고 파악하는 노력을 하지 않아도 되는 시험제도를 말한다.

전통사회에 있어서 과거중시풍조는 그 폐단이 많음에도 불구하고 대단한 것이었다. 따라서 과거폐지는 거론도 못할 정도였다. 그러나, 서학을 습득한 지식인의 양성과 발탁이 중시되고, 국민교육이 중시되면서 그 개폐의 당위성이 제기되었다.

양계초는 과거제의 폐해에 대해 예리하고도 신랄한 비판을 가하였다. 이러한 그의 비판은 당시의 역사적 조건하에서 진보적 의의를 확실히 찾아볼 수 있다. 즉, 과거제도의 엄준한 비판을 통해 국민이 봉건통치자들의 문화, 교육의 속박으로부터 벗어나게 하는데 큰 영향을 끼쳤다고 할 수 있다.

비록 무술정변이 끝난 후 팔고(八股)가 한때 부활되었으나, 이미 사회적 기풍이 변화됨으로 인하여 결국 과거제는 폐지되기에 이르렀다.

민지(民智)계발과 인재양성

한편 양계초는 국가와 민족의 흥망성쇠의 관건이 교육의 흥함에 있다고 보고, 당시 국가적 위기의 극복과 자강의 실현을 위하여 교육개혁을 주장하였다. 그의 교육의 목적은 민지의 계발과 인재의 양성에 두어졌다. 양계초는 교육을 보통교육과 전문교육으로 나누었다. 보통교육은 민지의 계발을 위한 것이고, 전문교육은 인재양성을 위한 것이었다.

그의 민지계발에 대한 주장은 국민교육주의로 볼 수 있는데 대학교육보다 소학교육 그리고 여자교육을 중시하였다. 특히 소학교육의 의무교육 실시를 주장하였으며, 의무교육은 법적인 제재에 의한 강제교육으로 할 것을 주장하였다.

그는 중국인들의 지식수준이 전반적으로 낮은 원인의 하나가 아동교육의 부재에 있다고 보고, 전국에 소학당을 설립하여 아동을 교육할 것을 주장하였다. 또한 양계초는 거의 몰이해 상태에 있던 여자교육의 필요성에 대해 선구적으로 인식함으로써 상해(上海)를 비롯한 전국 각지에 여학당이 설립되는 단초를 열었다.

인재개발은 전문교육을 목표로한 것으로써 전문교육을 통해 국가발전을 이루고자 하였다. 그는 이와 관련하여 고등교육과 실업교육, 사범교육, 정치교육 등을 주장하였다.

또 양계초는 민족의식 함양을 위해 역사교육, 소설교육, 국문교육 등의 국민계몽운동을 중요하게 보았다. 구망도존(救亡圖存)하려면 일단 국민의 의식을 바꿔야 하는데 이를 위해서는 국민의 국가나 민족에 대한 의식을 배양시킬 수 있는 교육이 필요하다고 보았던 것이다.

특히 양계초는 국문교육의 중요성을 강조했는데 이는 글자를 모를 경우 민지의 계발이 어렵고, 그럴 경우 민족의식, 자립자강정신을 길러주기 어렵다고 보았기 때문이다. 이에 따라 중국인 다수의 문맹을 극복하고 계몽시키기 위해 문자와 언어를 하나로 합칠 것을 주장하였다. 이러한 그의 주장은 당시 국민계몽에 큰 역할을 했다고 볼 수 있다.

신민양성과 관련하여 도덕교육도 중시하였다. 양계초는 교육을 통하여 이상국민(理想國民)을 배양하고자 하였다. 자연히 덕육이 이를 위한 중요한 방법으로 대두되었고, 도덕교육을 중요하게 여기게 되었다. 이런 신민은 민족정신을 가진 인간이었다.

구국론에 입각한 다섯 가지 교육사상의 특징

양계초의 교육사상은 양무시기의 인재교육주의적 교육이념과 확연히 구분된다. 그것은 바로 교육구국론의 중시이다. 양계초 교육사상의 특징은 대략 다섯 가지로 제시할 수 있다.

첫째, 구국이 교육의 목표로써 제시되었다.

양계초는 구망도존(救亡圖存)과 인재, 교육의 세 가지는 서로 연계되어 있다고 보았다. 그래서 그는 열정적으로 교육구국론을 제창하였다. 교육구국의 이상과 목표 하에서 양계초는 전통교육을 개혁하고, 서양교육을 학습하며, 근대교육을 발전시키고자 하는 개혁안과 방안들을 내어 놓았다.

둘째, 모든 것은 학교로부터 시작된다고 보았다.

국가를 구하려면 자강해야 하고, 그러려면 학교를 열고 민지를 계발하며, 인재를 양성해야 한다고 보았다. 양계초는 "지혜는 어디에서 오는가? 배움에서 온다. 배움은 어디에서 얻는가? 가르치는데서 얻는다." 고 하였다. 양계초는 광주, 상해, 북경, 장사 등지에 학교를 열거나, 교육활동을 통해 분주히 민지의 계발과 인재의 양성에 힘썼다.

특히 그는 국가의 물리적인 힘에 의해 교육을 보급시켜야 한다고 보았다. 양계초는 중국을 구하려면 반드시 교육을 보급해야 하며, 교육을 보급하는 것은 반드시 정부의 간섭 하에서 소학 교육부터 시작해야 한다고 주장하였다. 그리고 입학은 의무로 해야 하며, 입학을 시키지 않은 부모에게는 벌을 주어야 한다고 주장하였다. 또 교육을 보급하려면 자질이 훌륭한 교사가 많아야한다고 보고, 사범교육을 강력히 제창하였다.[1)]

셋째, 민족의식, 국가의식의 함양을 위한 교육이 강조되었다.

이와 관련하여 국가, 역사, 소설, 도덕교육 등의 계몽성 교육이 강조되었다. 더 나아가 양계초는 교육은 반드시 덕, 지, 체의 전면발달을 고려해야 한다고 보았다. 그중에서 특히 덕육을 강조하였다.[2)]

---

1)그는 사범교육을 "群學之其"라고 여겼다.

넷째, 의무교육을 보급하는 중점을 여자아동에게 두는 등 여자 교육의 중요성을 강조하였다.

양계초는 부녀가 양호한 교육을 받은 후 "위로는 남편과 의가 맞고, 아래로는 자식을 가르칠 수 있으며, 가까이로는 집안을 화목하게 하고, 멀리로는 종족과 친하게 된다. 그렇지 않고 여성 하나가 배우지 않으면 한 집안 어머니로서의 가르침이 있을 수 없으며, 그 가르침이 없으면 그 집안 자식들이 배우지 못하게 된다. 사람들이 모여 집을 이루고 집이 모여 나라가 되는데 배울래야 배울 수 없고, 가르침을 받을래야 받을 수 없으면 우열이 분명하고, 승패는 바로 판명된다." 고 하였다. 이와 같이 양계초는 천하가 약해지는 근본원인이 부녀가 배우지 않은 것으로부터 시작되었다고 보고, 여자아동에 대한 교육보급을 역설하였다.

다섯째, "신민"이 구국의 새로운 인간상으로 제시되었다.

양계초는 교육의 주요한 공능(功能)으로 "특색이 있는 국민"배양을 들었다. 여기서 양계초가 말하는 특색이 있는 국민이란 바로 신민(新民)을 말하는 것이다.

이 신민은 국혼을 가진 인간을 의미한다고 볼 수 있다. 그는 신민양성을 통하여 국가의 난관을 극복하고 신 사회

2)그는 "德育尤重智育"이라 하여 덕육을 제1위에 놓고 있다.

를 건설하고자 하였다. 이와 관련하여 그는 「신민설」을 발표하였는데, 이것은 그의 도덕교육사상을 체계화, 이론화 시킨 것이다. 신민은 민지(民智)와 민력(民力) 그리고 민덕(民德)을 모두 가지고 있다. 그는 이러한 신민양성을 위해 도덕교육과 정치교육의 중요성을 강조하였다.

양계초의 영향

양계초는 근대시기 중국사회 각 방면에 대단히 많은 영향을 끼쳤다. 그 중에서 교육에 미친 영향은 괄목할만하다.

양계초의 사상은 사상의 해방을 촉진하고, 신교육의 건립과 교육이론의 건립을 위한 외부환경을 창조했다. 그리고 신생활, 신문화 운동으로써 서양의 문물과 사상의 소개 및 신도덕 관념의 보급에 기여했으며, 신교육의 발전과 신교육이론에 대한 연구와 토론을 촉진시켰다. 또 여자교육 발전의 길을 탐색하였고, 새로운 인재관을 수립하는 데 기여하였다.

특히 양계초의 교육사상은 후에 교육영역에 대변혁이 일어나는데 절대적인 기여를 했다. 먼저 과거제도가 타격을 받아 최종 폐지되었으며, 경사대학당(京師大學堂)의 창립, 대, 중, 소학교 체계의 설계 등 교육체제의 확립이 이루어졌다. 또 전통의 지식관, 도덕관, 인재관에 심각한 변화가 발생했고, 새로운 개념의 "신민"이 인재의 표준, 교육의 배양목표가 되었으며, 과학적, 실용적 학과가 교육내용의 이상이 되었다.

바로 이러한 관념형태의 변혁 중 20세기 초 학교를 흥하고, 과거를 폐지하며, 유학생을 파견하는 등의 교육개혁 열조가 출현했다. 그리고 이것은 중국근대교육사상 남을 뜻깊은 영향이다. 결국 양계초는 이 시기 구국의 차원에서 교육계몽활동을 전개하고, 신교육의 발전을 촉진한 보기 드문 교육사상가로서 그 역사적 의미를 찾을 수 있다.

CHAPTER 1

양계초의 생애와 활동

1. 양계초의 생애
2. 양계초의 교육실천활동
3. 양계초의 교육방면 저작

1. 양계초의 생애

양계초를 안다는 것은 중국 근대시기의 한 인물을 이해하는 것을 넘어선다. 바로 중국 근대시기의 사상적 흐름을 이해하는 단초가 된다. 그만큼 양계초의 사상적 영향력이 대단했다는 말이다.

양계초(梁啓超)는 19세기 말 중국 유신파의 대표적인 인물이다. 유신파란 서양의 기예(技藝) 모방에서 벗어나, 변법(變法), 즉 제도의 근본적 개혁을 주장한 사상가 그룹을 말한다. 강유위, 양계초, 엄복 등은 당시의 이러한 상황의 중심에 서 있던 인물이었다.

양계초는 적극적으로 유신변법이론을 전파하는 데 앞장서 보수파와 설전을 벌이는 등 유신운동의 전개에 많은 기여를 하였다. 이로 인해 당시의 사람들은 강유위(康有爲)와 양계초를 합쳐 '강, 양(康梁)'이라고 호칭하는 등 그 명성이 하늘까지 뻗어 올랐다.

양계초는 박학다식한 학자로서 철학, 사학, 문학, 윤리학, 교육, 정치이론에 이르기까지 여러 영역에서 많은 학술 저작들을 내놓았다. 호남시무학당(湖南時務學堂)의 총교습(總敎習)과 청화연구원(淸華硏究院)의 지도교수(導師)로써 그는 중국교육사(中國敎育史)에 커다란 족적을 남겼다.

그는 중국 근대시기 걸출한 사상가, 선전가일 뿐만 아니라, 동시에 저명한 교육가이기도 하였다. 또한 근대시기 중국에 서양사상을 소개했고, 신교육 도입의 최대 공헌자로 볼 수 있다. 특히 그는 당시 한국과도 인연이 깊었다. 구한말 한국의 선각자들은 양계초를 통해 서양사상을 흡수하는 등 한국의 사상계에도 큰 영향을 끼쳤다.

이러한 양계초의 생애는 여러 단계로 나눌 수 있는데, 그를 연구하는 학자마다 조금씩 다르게 단계를 구분하고 있다.[3] 여기에서는 양계초의 생애를 수학 시기, 유신활동

3) 모이형(毛以亨, 1957)은 ① 소년독서시기, ② 유신운동시기, ③ 일본도피 언론활동시기, ④ 중화민국 초기의 정치활동시기, ⑤ 만년의 문화운동시기 등의 5단계로 나누고 있으며, levenson(1967)은 양계초의 생애를 ① metamorphosis (1873-1898), ② brave and new world(1898-1912), ③ rememberance of things past(1912-1929)로 구분하였다. 또 왕개평(王介平, 1957)은 ① 강유위로부터 학문을 배우게 된 시기로부터 무술정변 시기(1890-1898), ② 일본망명과 혁명파 논전시기(1898-1905), ③ 논전에서의 실패와 신해혁명까지의 시기 (1906-1911), ④ 신해혁명으로부터 임종까지의 시기(1912-1929)로 4분 했다. 이러한 구분은 일본에서의 망명생활 중 그의 언론(言論)의 변화로 구분한 것이 특색이다. 황종동(1982)은 ① 학업시기(1873-1894), ② 변법, 유신운동시기 (1894-1898), ③ 망명, 언론종사시기(1898-1911), ④ 정치활동, 강학저술시기 (1912-1929)로 나누었다.

시기(1873~1894), 언론활동 시기(1898~1912), 정치활동 시기(1912~1919), 교육활동 시기(1919~1929)로 나누어 살펴보기로 하겠다.

1) 수학 시기

양계초(1873~1929)는 자는 탁여(卓如), 호는 임공(任公)으로 중국 광동성 신회현(新會縣)에서 태어났다. 그의 출생지인 광동성은 서학을 가장 일찍 받아들이고, 애국심과 독립심이 강하며, 공상(工商)에 능한 곳으로 알려져 왔다.

> 광동은 서양인들이 수륙양로로 중국에 들어오는 고장이어서 명대로부터 외국과 통상하는 지역이었다. 홍콩이 영국에 귀속된 뒤 백인들의 발자취가 잦아진 까닭에 광동은 서학이 가장 일찍 운운되고, 사람들이 서방인들과 사귀었으므로 서양인들을 미워하지도 않고, 두려워하지

한편 일본의 학자 중에서 사토 신지(佐藤震二)는 사상활동면에서 그의 생애를 5단계로 구분하였다. 그것은 ① 번법사상기(1896–1898), ② 신민사상기(1898–1905), ③ 배만(排滿)혁명파와의 사상항쟁기(1906–1911), ④ 정계 활약기(1912–1919), ⑤ 만년의 학술저작기(1920–1929)이다(毛以亨, 梁啓超, 亞洲出版社, 1957; 宋恒龍 譯, 「양계초」, 明文堂, 1990, 王介平, 論改良主義者梁啓超, 「中國近代思想家硏究論文選」, 1957, 황종동, 양계초연구, 영남대 박사논문, 1982, Joseph R. Levenson, Liang ch'i–ch'ao and the mind of modern china, Univ. of California Press, 1967 등).

도 않았다. 하여 중국의 여러 부(部) 가운데서 백성들의 성미가 독립적이면서 횡포하지 않은 데는 광동이 으뜸이었다.[4]

양계초의 집안은 소지주의 집안으로 조부 양유청(梁維淸)은 한 현(縣) 지역의 문교사업을 관리한 관리였다. 부친 양보영(梁寶瑛)은 과거에 합격하지 못하고, 최후에는 사숙(私塾)의 선생이 되어 향리에서 학생들을 가르쳤다. 이런 것을 보아 알 수 있듯이 양계초의 집안은 당시 사회적 지위가 그렇게 높지는 않았다. 부친은 집안을 일으킬 희망을 양계초에게 의탁을 하였고, 그들은 과거(科擧)라는 방법을 통하여 집안의 사회적 지위를 높이고자 하였다.

양계초의 집안은 앞에서 보았듯이 책과 가까이 지내는 집안이었다. 때문에 양계초는 어릴 적부터 책과 가까이 할 기회를 많이 가지게 되었고, 비교적 빨리 교육을 받게 되었다. 그는 4살 때부터 조부와 모친 슬하에서 사서(四書), 시경(詩經) 등을 배웠다. 그리고 조부로 부터는 옛 호걸 철인들의 언행들을 들었는데, 특히 송, 명 말기의 국난에 대한 이야기를 좋아했다고 자술하고 있다.[5] 6세 때에는 부친으로부터 중국약사(中國略史), 오경(五經) 등을 배웠다. 후

4) 梁啓超, 戊戌政變記- 附錄: 湖南廣東情形, 中華書局, 1954, 129쪽

5) 夏曉虹, 梁啓超文選(上册), 中國廣播電視出版社, 1992, 366쪽

일 양계초가 역사에 대해 관심을 가지고 중국문화사를 저술하고자 하는 등 열의를 가지게 된 것은 아마 이때부터 형성된 것이 아닌가 생각된다. 모이형(毛以亨)은 말하기를 양계초는 일생을 통해 20여 종에 달하는 장편전기를 썼는데, 어떤 사람도 이보다 더 많이 쓴 사람은 없다고 하였다. 양계초는 학술사상을 소개하는 경우에도 전기를 쓰는 방법을 사용하여 저술했다고 한다.[6)]

8세에는 팔고문(八股文)을 배웠고, 9세에는 1,000자의 문장을 쓸 수 있게 되었다. 이로 보아 양계초는 10세 이전에는 가정에서 교육을 받았음을 알 수 있다. 그는 10세 되던 해에 동자시(童子試)에 응시하였다. 1884년 12세 되던 해에는 광주(廣州)에 가서 학원시(學院試)에 응시하였는데 응시생 중에서 가장 뛰어난 학생이 되어 박사제자생으로 보해졌다. 당시 그의 나이가 얼마 안 되었고, 양계초의 집안으로 보자면 커다란 사건이 아닐 수 없었다.

1888년 양계초는 광주학해당(廣州學海堂)의 정식학생이 되었다. 동시에 국파(菊坡), 월수(粤秀), 월화(粤華) 등 서원의 원외생이 되었다. 4년 정도의 시간 동안 그는 어려운 환경 속에서도 열심히 공부하였고, 대량의 경(經), 사(史), 자(子), 집(集)을 깊이 연구하여, 비교적 견실한 한학(漢學)의 기초를 닦았다. 그리고 결국 그는 학해당(學海堂)의 걸

---

6) 毛以亨, 梁啓超, 宋恒龍 譯, 10쪽

출한 인재로 부각되었다.

다음해인 1889년 그는 광동향시(廣東鄕試)에 응시하여 8등으로 합격하였다. 이때 주시험관인 당시의 형부시랑(刑部侍郎) 이단분(李端棻)이 그의 재주를 보고 후일 그를 매부(妹夫)로 삼았다.

1890년 봄 양계초는 북경에 가서 회시(會試)에 참가하였으나 합격하지 못하였다. 북경에서 돌아온 후 상해를 거쳐 그는 영환지략(瀛環志略) 등의 서적을 구입하게 되면서 서학(西學)을 접촉하기 시작하였다. 그리고 이를 통해 오대주와 각 나라가 있음을 알게 되었고, 초보적인 수준에서 서양지식에 대한 눈을 뜨게 되었다.

다시 광주에 돌아온 후 양계초는 학해당에서 계속 학문을 연마하였다. 이해 8월 양계초의 동학(同學) 진천추(陳千秋)가 그에게 강유위(康有爲)의 학문과 사상을 소개하였고, 이는 양계초로 하여금 새로운 학문을 알고자하는 욕망을 불러일으켰다. 그와 진천추(陳千秋) 두 사람은 강유위를 찾아가게 되었고, 여기서 강유위와 양계초는 스승과 제자의 인연을 맺게 된다. 그리고 이런 만남은 양계초한테는 정치적으로나 사상적으로 중대한 일대전환점이 된다.

양계초가 강유위로 받은 첫 인상은 무척 감격적이었던 것으로 「삼십자술(三十自述)」에서 언급하고 있다.

> 선생은 바다의 울부짖음과 같은 목소리로 사자후를 토하면서 수백 년 동안 지속되던 낡은 학설들을 상세히 논박하였다. 우리가 진시(오전 7~9시)에 들어가서 배우다 술시(오후 7~9시)에 수업이 끝나는데 마치 찬물을 등에 끼얹는 듯, 머리를 방망이로 얻어맞은 듯 보루를 다 잃어버린 듯이 망연하여 어찌할 바를 모르다가도 놀랍고 기뻤다.[7]

19세 되던 1891년 진천추(陳千秋)와 양계초 두 사람은 강학장소를 만목초당(萬木草堂)[8]으로 옮기게 되었다.

두 사람은 이때부터 만목학당에서 4년간 수학하게 되었다. 강유위 주지하의 만목학당은 학술을 중시하고, 정치간부를 배양하며, 정치를 개조해서 국가를 구한다는 것을 목표로 하고 있었다. 그 교학내용도 공자학, 불학, 송명학 등을 중심을 삼고, 사학, 서학(西學)으로 용(用)을 삼았다.[9]

양계초가 강유위의 문하에서 수학할 때 그에게 가장 깊은 영향을 준 것은 「장흥학기(長興學記)」[10]였다. 「장흥학기」의 가르침은 4행(四行)과 4학(四學)[11]이었다. 모이형(毛以亨)은

7) 夏曉虹, 梁啓超文選 上册, 366쪽
8) 만청시기 강유위가 세운 사립학당
9) 황종동, 양계초연구, 11쪽
10) 1891년 강유위가 장흥리에서 한 강학내용을 기술한 책
11) 四行 : 志於道, 據于德, 依于仁, 游于藝
四學 : 義理之學, 考據之學, 經世之學, 文學之學

그것의 내용은 현재 대학의 교과내용과 별반 차이가 없으며, 그 가운데서도 4학 중의 "의리의 학"[12]에 포함된 춘추삼세(春秋三世)의 영향이 가장 크다고 했다.[13]

삼세(三世)란 원래 공양춘추(公羊春秋)에서 나온 말로 난세(亂世), 승평세(升平世), 태평세(太平世)를 가리킨다. 강유위는 인류사회가 난세에서 승평세로 연진(演進)하며, 더나아가 태평세가 도래한다고 생각하였다. 그는 청말 이전의 중국을 난세에 해당되는 것으로 여겼다. 따라서 자신은 중국을 태평세로 올려야 할 책임이 있다고 생각하였다. 양계초는 강유위의 이러한 사상에 깊이 영향을 받아 삼세지설(三世之說)을 각 방면에서 널리 활용하였다.

1893년 21세가 되던 해 양계초와 진천추(陳千秋)는 만목초당(萬木草堂)에서 다른 문도들의 독서를 이끌게 되며, 두 사람은 강유위의 수제자로 부각된다. 진천추는 2년 후 요절하게 되고, 양계초는 강유위의 적극적인 추종자요, 가장 능력 있는 조수가 되었다. 22세가 되던 1894년 양계초는 강유위와 북경에 와서 회시(會試)에 응시하게 되었다. 이해 여름 양계초가 북경에 머물고 있을 때 청일전쟁이 일어나게 되었고, 청군(淸軍)이 불리하다는 소식은 양계초에게 큰 충격을 주었다. 양계초는 이때 나라를 구해야 함을 절감하

12) 의(義)와 리(理)를 강조하는 학문

13) 毛以亨, 梁啓超, 宋恒龍 譯, 32쪽

게 되었다.

제국주의의 침략과 압박, 청정부의 부패와 무능, 민족의 위기는 양계초로 하여금 조국의 전도(前途)와 민족의 운명에 대해서 깊은 관심을 갖도록 만들었다. 그리고 이렇게 양계초는 보통의 봉건 지식인에서 조국의 운명에 대해 고민하는 유신지사(維新志士)로 변모되어 갔다.

2) 유신활동 시기

1895년 3월 청·일간의 화의협정(和議協定)이 성립되었고, 요동, 대만의 할양과 2억량의 배상금 지불을 조건으로 하는 시모노세키조약(馬關條約)이 체결되었다. 이 소식이 북경에 전해지자 강유위, 양계초 등은 회시(會試)에 참가한 거인(擧人)들과 연합해서 청정부에 연명으로 변법을 청하였는데 이것이 바로 조야를 진동시킨 공거상서(公車上書)이다.[14)]

청일전쟁 전까지 청은 서양의 장기를 잘 배워 포갑철선(砲甲鐵船)을 만들 정도가 되었다. 그러나 청일전쟁에서 명치유신 후 27년밖에 안된 일본에게 패하였다. 이로써 사람들은 서양문화의 장점이 선견포리(船堅砲利)에만 있는 것이 아니라 교육, 정치 등에도 있다고 보고, 근본적인 교육, 정

14) 梁啓超, 戊戌政變記, 附錄一, 「改革起原」, 113-126쪽

치 등의 중요성을 이해해야만 한다고 여기게 되었다. 특히 강유위, 양계초 등의 인사들은 공거상서(公車上書)만 가지고는 청의 변법이 어렵다는 것을 알게 되었다. 상서라는 소극적 운동에 의해서는 청의 변화를 촉진하기 어려움을 깨달은 그들은 좀 더 새롭고, 적극적인 방법을 취하지 않을 수 없었다. 그들은 신정(新政) 실시의 여론화가 필요하다고 생각했다. 그리고 조속히 민지(民智)를 계발해야 새로운 학문이나 변법유신에 대한 갈망을 갖게 된다고 보았다. 이리하여 신문과 학회 설치가 계획되었다. 중외공보(中外公報)[15]의 간행과 강학회(講學會)의 설치는 이러한 목적으로 이루어졌던 것이다.

중외공보의 글들은 주로 양계초와 강유위가 담당했는데 그 내용은 주로 민권(民權)에 관한 것이었다. 양계초의 민권사상은 유교의 민본사상과 강유위의 대동설(大同說) 그리고 서양 의회제도에 대한 관심이 토대가 된 것이라고 볼 수 있다.

강학회는 학교와 정당을 겸한 것으로 보인다.[16] 양계초는 "북경대학의 전신은 관서국(官書局)이고, 관서국의 전신

15) 張朋園은 中外公報에 대해 중외공보의 영향은 별로 없었으나, 이때까지 일개 서생에 지나지 않았던 양계초를 저널리스트가 되는 기초가 되게 하였으며, 1896년 양계초가 時務報의 주필로 초빙됨도 이와 관련된다는 말을 하고 있다. (張朋園, 梁啓超與淸季革命, 「中央研究所近代史研究專刊(11)」, 1972, 254-256쪽)

16) 이는 양계초가 1912년에 북경대학이 양계초를 환영하는 환영회 석상에서 행한 그의 연설문을 통해서 알 수 있다.(夏曉虹, 梁啓超文選 下册, 385-392쪽 참조)

은 강학회"[17]라고도 말했다. 그러나 이 강학회는 보수당에게는 불리한 것이었고, 이로 인해 강학회는 3개월 만에 관청에 의하여 폐쇄되었다. 강학회에 대한 탄핵이 일어날 즈음 강유위는 상해에서 장지동(張之洞)의 지지로 강학회 분회를 설립하고 강학보(强學報)를 창간하였다. 그러나 상해 강학회는 북경 강학회가 폐쇄된 직후 조직 1개월 만에 폐쇄되었다.

상해강학회에 관여했던 황준헌(黃遵憲)은 왕강년(汪康年)과 함께 시무보관(時務報館)으로 이를 재건하고 북경에 있는 양계초를 초빙하였다. 한편 1896년 7월 1일 왕강년이 경영을 맡은 시무보가 창간되었고, 양계초는 그 해 7월 북경을 떠나 상해에 이르러 시무보의 주필이 되었다. 양계초는 시무보의 주필이 된 후 여러 차례 다양한 내용의 글들을 발표하였다.

양계초가 시무보에 게재한 대표적인 글은 번법통의(變法通議)이다. 그는 "변법지본, 재육인재, 인재지흥, 재개학교, 학교지입, 재변과거(變法之本, 在育人才, 人才之興, 在開學校, 學校之立, 在變科擧)"[18]라 하여 과거제를 변혁하고, 학교를 설치하여 인재를 일으킴이 변법의 근본임을 주장했다. 이는 교육의 보급으로 인재가 배출된 연후에 개혁이 가능하

17) 夏曉虹, 梁啓超文選 下册, 386쪽
18) 夏曉虹, 梁啓超文選 上册, 366쪽

다는 뜻이라고 볼 수 있다.

양계초는 특히 사범학교와 여학교의 설치가 우선해야 된다고 생각하였다. 또 학회를 설치하여 학교와 앞뒤가 되어 독서인들이 제반문제를 논하게 하는데서 인재가 배출될 수 있다고 생각하였다.[19] 그리고 구미의 서적을 번역해 읽음으로써 외국의 제도, 습속(習俗), 사상을 알아야 된다고 역설하였다.[20] 이외에도 상공업과 금융업에 대한 언급도 있다.

당시 양계초가 시무보에 게재한 문장은 유창하고, 평이하여 많은 독자층을 확보했다.[21] 시무보가 성공하게 되자, 그 영향으로 지신보(知新報), 상학보(湘學報), 국풍보(國風報) 등이 발간되었다.

1897년 10월 양계초는 장사(長沙) 호남시무학당(湖南時務學堂)에 초빙되어 상해를 떠나게 되어 시무보에서 손을 떼게 되었다. 그가 시무학당에 가게 된 동기는 교육의 중요성을 구체화하기 위해 실제 교육에 종사할 좋은 기회로 알

---

19) 「變法通議」, "論學會"에서 양계초는 "今欲振中國, 在廣人才, 欲廣人才, 在興學會."라 하여 학회는 인재에 통하고, 인재는 구국에 통하는 것으로 보았다.

20) 變法通議, 「論譯書」, 76쪽

21) 張朋園은 시무보의 판매숫자를 12,000부 좌우로 보았으며, 1부를 10명 내외가 읽었다고 가정하면 10만인 이상의 독자가 있어 상당한 영향을 주었다고 보았다. 周德昌도 시무보가 창간 몇 개월 만에 판매부수가 1만 부가 넘었다고 말하고 있다. (張朋園, 「梁啓超與淸季革命」, 257-267쪽; 周德昌, 梁啓超, 中國敎育家評傳 3卷, 上海敎育出版社, 1989, 253쪽)

고 초빙에 응한 것으로 보인다.[22] 당시 양계초의 유신변혁 사상은 강유위의 학설범위에 한정되어 있었다고는 하나, 강유위보다 더욱 급진적인 개혁을 주장하는 편에 속해 있었다. 이에 시무학당의 학생들로부터 상당한 인기를 얻고 있었다. 당시 강유위와 양계초의 변혁사상이 여타인의 그것과 다른 점은 역시 유교사상에서 나온 것이기는 하나 진화론을 이용하여 유학을 해석하고 있다는 점이다.[23]

1898년 "백일유신(百日維新)" 기간 양계초는 재차 강유위를 도와 유신운동에 종사하였으며, 이때 팔고(八股)[24]를 폐지하고, 대학당장정(大學堂章程)을 정한 외에 또 공예를 장려하고, 신기(新器)를 장려하는 장정을 기초하였다. 이때 옹동화(翁同龢)[25]의 추천으로 양계초는 광서황제(光緖皇帝)를 만나게 되고, 6품의 벼슬을 받았으며, 경사대학당과 역서국의 사무를 맡으라는 명을 받았다.

이 당시 시작된 무술유신정치는 수구당에 의해 백일천하(103일)로 끝나게 되었고, 양계초는 일본공사관에 피신했다가 일본으로 망명하게 된다.

---

22) 황종동, 양계초연구, 19쪽

23) 彭澤周, 梁啓超與東京大同高等學校, 「大陸雜誌」 43-2, 171쪽

24) 팔고(八股)는 중국의 명 · 청 시대 500여 년간 시행된 과거시험 문체형식으로서 중국사서의 내용을 그대로 옮겨서 답안지를 작성하는 형식

25) 중국 청나라 때의 관료(1830~1904)

3) 언론활동 시기

양계초는 일본에 도착하자 그곳 화교들의 지지와 후원으로 바로 그 해 10월 요코하마에서 청의보(淸議報)를 창간하여 2년여에 걸쳐 100호를 내었다. 내용은 주로 정치에 대한 비평, 국제 정세의 소개 외에 변법과 입헌정치를 주장하는 논설 등이었다. 또 중국의 철학, 정치, 소설 등에 관한 작은 난도 있었다. 담사동(譚嗣同)의 저술, 「강유위전」, 「무술정변기」 등이 여기에 게재, 발표되었다. 그동안 양계초는 일본책을 섭렵하여 국제정세, 유럽의 정치학설 등을 연구, 청조지배하의 중국이 분할될 위험이 있음을 절실히 느끼고 한 때는 손문일파와 합작을 협의하기도 하였다.

일본에 온 후 1902년 1월 청의보(淸議報)의 뒤를 이어 신민총보(新民叢報)를 창간하고, 입헌민주주의를 기초로 하여 중국민중의 자각을 호소하는 많은 논문을 발표하였다. 신소설이 창간된 것도 이 무렵이다. 신민총보는 "의화단의 난" 이후로 일본에 와있는 약 2만 명에 달하는 유학생들의 호응과 지지로 상해, 홍콩 등지에서도 자유로이 복사되어 널리 보급되었다. 매 기의 발행부수가 8~9만부에 달하여 그 명성이 시무보(時務報) 때보다 10배는 되었다.[26]

1903년 1월 양계초는 미주보황회 초청으로 캐나다를 거

26) 王壽南 編, 梁啓超, 臺灣商務印書館, 1979, 6071쪽

쳐 미국으로 들어가 10월에 일본으로 다시 돌아오게 되었다. 미국에서 돌아온 후의 양계초 논조에 점차 변화가 보이기 시작했다. 혁명이니 파괴니 하는 혁명론적인 언론에서 개량주의적인 온건한 태도로 후퇴하는 현상이 나타났다. 그는 개명전제론(開明專制論, 1905)을 발표함으로써 청조 하에서의 입헌군주제를 주창하고, 개량파를 위한 대표적인 논설을 펼쳤다. 이러한 후퇴에 대해 정문강(丁文江)은 연보(年譜)에서 이러한 변화는 양계초의 견문이 넓어진 탓이며, 미주를 다니고 온 후의 변화[27]라고 추측했다.[28] 양

---

27) 연보, 광서29조, 191쪽

"선생은 미국에서 돌아온 후 언론이 급변하여 깊이 믿던 파괴주의와 혁명적인 배만(排滿)의 주장을 완전히 포기하였다. 이것은 선생의 정치사상에서의 일대 변화였다. 그 후 몇 년 동안의 언론과 주장은 완전히 이런 토대 위에서 세워진 것으로서 이것은 선생께서 고찰한 시일이 오래고, 견문이 넓어졌으며, 경험이 깊어진 결과였다."

28) 양계초의 전변(轉變) 이유에 대해 몇몇 학자들이 그 이유를 구체적으로 제시하고 있는데 그 내용은 다음과 같다.

장붕원(張朋園)은 다섯 가지를 들었다.

(1) 양계초의 경제적 압력 (2) 파괴 후 건설이 쉽지 않다는 점 (3) 혁명당과의 감정악화 (4) 양계초 자신이 급진적인 것에서 온건적인 것으로의 사상의 변화 (5) 황준헌(黃遵憲)의 영향

한편 원빙봉(元氷峯)은 네 가지를 들었다.

(1) 어린 시절의 교육에 연유함이다. 양계초는 몇 차례 교육내용이 바뀌어 졌는데, 바뀌면 그 이전 것을 포기해 버리는 습성 때문이다. (2) 양계초의 매우 주견 없는 개성 (3) 청 말에서 민국 초의 양계초의 정치 주장은 어디까지나 입헌군주 사상이었다. (4) 미국을 고찰하니 미국은 각 주나 시가 먼저 공화의 조건을 갖춤으로써 공화국의 연합국이 성립한다고 보았다. 그러나 중국은 미국 같은 조건이 구비되어 있지 않으니 공화정치를 할 수 없음을 알았기 때문이다.

계초 자신도 이 변화에 대한 이유를 설명하고 있는데 민국 초 그가 신문계 환영회 석상에서 행한 귀국연설문을 보면 명확히 알 수 있다.

> 그 뒤 유학생들과 내지의 학교들에 혁명사상이 전파되어 그 풍조가 유행하였다. 그러나 공부하려는 학생들은 배우는 것이 나라건설에 보다 쓸모 있다고 여기고, 혁명사상과 같은 파괴의 학설이 청년들의 뇌리에 침투되는 것을 원하지 않았다. 그리고 무제한의 자유평등설은 그 폐단이 너무 많아 겁이 났다. 인민들의 수준을 조용히 관찰해 보니 그 증진이 쉽지 않고, 일단 질서가 파괴되면 보릿고개를 넘길 수 없는 사람들이 폭동민들이 되어 연이어 들고 일어날 것이니 혁명을 제창하는 제현들도 그것을 수습하기가 어려울 것이다. 거기에 해마다 국가재정과 국민의 생계가 극도로 어려운 형편이니 사단이 일어나 강탈을 하게 되면 나라가 망할 수 있는 것이다. 지금 서장(주: 티벳)과 몽고가 떨어져 나간 비보가 밤낮으로 비애를 자아내고 그것을 걱정하는 사상이 머릿속에 맴돌이치는 때인 것만큼 극단적인 파괴를 주장할 수는 없다. 계묘(癸卯)와 갑신(甲辰)년 이후의 신민총보(新民叢報)는 정치혁명만 주장할 뿐 종족혁명을 더는 주장하지 않고

(張朋園, 梁啓超與淸季革命, 167-175쪽; 元氷峯, 淸末革命與君憲的論爭,「中央硏究院 近代史硏究所 專刊19」, 1966, 95-101쪽)

있다. 솔직히 말해서 국체(國體)에 대해서는 현상을 유지하고, 정체(政體)에 대해서는 그것을 이상(理想)으로 내걸고 있으면 반드시 실현될 것이다.[29)]

여기서 그는 무제한의 자유, 평등은 그 폐해가 무궁하며, 혁명 후에 닥쳐올 혼란을 예견하고 있다. 이 글에 이어 그는 공화국이 되려면 국민이 그 자격을 갖추어야만 가능한데 중국인은 한 가지도 갖추지 않았다고 하고, 자신이 10년래 꿈꾸고 바라던 공화를 버려야 한다고 개탄하였다.[30)]

1905년 7월 일본 동경에서 중국혁명동맹회가 성립되자 혁명파에서는 그들의 기관지인 민보(民報)를 창간하여 급진적인 혁명론을 주장하였다. 이에 맞서 양계초를 중심으로 한 유신파에서는 신민총보(新民叢報)를 중심으로 해서 이들과 논전을 벌이기도 하였다. 논전중 양계초는 보황파(保皇派)의 입장에서 "충군보황(忠君保皇)"을 고취하였다. 신민총보는 1907년 7월 정간을 당하였다.

4) 정치활동 시기

1908년 10월 광서제(光緖帝)가 세상을 떠나고 나자 국민

29) 夏曉虹, 梁啓超文選 上册, 180쪽
30) 夏曉虹, 梁啓超文選 上册, 180쪽

들은 청조에 대해서 점차 절망을 느끼기 시작하였다.

1911년에 들어 무창(武昌)에서 혁명군이 봉기하자 각 성에서도 모두 이에 호응하였고, 유신파에서 지배하고 있던 신문을 비롯하여 각 부문에서 대체로 혁명에 동정적 태도를 취하였다. 신해혁명(辛亥革命)으로 청의 황제가 퇴위하고, 원세개(袁世凱) 체제가 확립된 1912년 10월 양계초는 각계의 환영 속에 일본으로부터 귀국하였다. 이때 그는 민주당을 조직하였는데, 그의 나이 40세로써 14년 동안이나 망명생활을 한 셈이었다. 귀국하자 그는 바로 천진에서 용언보(庸言報)를 발행하였다.

1913년 1월 국회가 개원되었고, 양계초는 입헌파와 제휴를 주선하였고, 민주당과 구 입헌계가 진보당으로 통합되자 그 이사로 추대되었다. 이 해에 제2차 혁명이 실패로 돌아가자 진보당은 원세개(袁世凱)와 합작을 하게 되었고, 9월에 양계초는 사법총장이 되었다. 그후 양계초는 폐제국(幣制國) 총재, 참정원(參政院) 참정 등을 역임하였다. 그러나 그는 원세개가 제위(帝位)에 야심을 품고 굴욕적인 외교를 못 벗어나고 독선적인 태도로 나오자, 점차 비판을 가하기 시작하였다. 1915년 8월 원세개가 공공연하게 황제제도의 부활을 도모하자, 즉각 참정직(參政職)을 그만두고, 원세개를 규탄하는 운동에 힘썼다.

1916년 6월 원세개가 죽자 여원홍(黎元洪)이 총통으로 취임하여 국회를 회복하고 공화정치를 부활시켰다. 한편, 양계초는 헌법연구동지회를 만들어 그 대표신분으로 중화민국 헌법초안을 작성하였다.

원세개가 죽고 나서도 그의 여세가 많이 남아 각지의 독군단(督軍團)은 여전히 전국에 위세를 떨치고 있었다. 이 과정에서 독군단의 수령격인 장훈(張勳) 등이 청제선통(淸帝宣統)을 다시 옹립하고자 하였는데 양계초는 군사를 일으켜 이에 반대하였다. 양계초는 이 일로 스승인 강유위와 정식으로 충돌하였다. 그 이후 양계초는 정부를 조직하는 재정총장의 직에 있으면서 여러 가지 일을 하였다. 그러나 정계에 뛰어들어 국가와 사회를 구제하고 바로잡아 본다는 생각이 쉬운 것이 아님을 알게 된다. 이에 따라 양계초는 재정총장직을 사임하고 정계를 떠나 오로지 문화, 학술 방면의 활동에 몸을 바치기로 결심하게 된다.

5) 학술, 교육활동 시기

1918년 11월 제1차 세계대전이 종식되자 양계초는 민간대표로 구주여행에 나섰다. 선편으로 인도양을 거쳐 지중해로 50일을 항해하여 1919년 2월에 유럽에 도착하였다. 그는 영국, 독일, 벨기에, 네덜란드, 스위스 등 각국을 유람하는 동안 베르그송을 만나는 등 유럽의 문물과 사상계를 고루 견문하였다.

구주여행에서 돌아온 후 양계초는 많이 변하였다. 모든 정치생활에서 후퇴하여 교육에 전념하며 훌륭한 저서들을 저술하게 되었다. 「묵경교석(墨經校釋)」, 「청대학술개론(淸代學術槪論)」이 이 해에 나왔다. 1921년 가을 천진 남개대학(南開大學)에서 중국문화사를 강의했는데 이를 보충 완성한 것이 「중국역사연구법」이었다. 「묵자학안(墨子學案)」도 이 해에 상무인서관에서 출판되었다. 이외에도 수많은 저서들이 출간되었다. 최후의 8, 9년 동안 양계초는 남개대학 이외에도 청화대학, 북경사범대학, 동남대학 등에서 강의를 담당했으며, 또 각 학교와 단체에서 수많은 학술강연을 행하였다. 그의 강연 내용은 사학, 문학, 불교, 목록학 및 인생수양, 국제문화교류 등 다양하였다. 그가 지은 「중국문화사목록」은 3부 25목(目)으로 나뉘어져 있는데 중국 전통학술의 거의 대부분을 언급하고 있다. 1925년 북경도서관 관장에 취임하기도 했으며, 미국의 한 대학으로부터 명예박사학위를 받은 일도 있다.

양계초는 원래 몸이 매우 건강하였다. 이 문제에 대해서는 양계초도 자신하고 있었다. 그러나 그가 50세가 되던 1923년에 몸에 이상증후가 있다는 것을 발견하게 되고, 계속적인 병원치료를 받게 된다. 그 와중에 1925년 그의 부인 이혜선(李蕙仙)이 암에 걸려 동년 9월에 세상을 떠나게 되었다. 이것은 양계초에게 커다란 심적인 타격을 가져다 주었고, 이의 영향으로 그의 몸은 갈수록 쇠약해지게 된다. 그러나 그는 쇠약한 몸을 이끌고 계속 사회활동을 전개하였다. 결국 약해진 그의 몸은 깊은 병마에 견디지 못하고, 1929년 1월 19일 협화의원(協和醫院)에서 세상을 뜨고 말았다. 그때 그의 나이가 56세였다.

2. 양계초의 교육실천활동

1) 시무학당(時務學堂)에서의 교육실천

북경, 상해의 유신운동이 고조되었을 때, 유신파의 또 다른 인물인 담사동(譚嗣同)도 호남지역에서 유신운동의 불길을 올리고 있었다.

당시 호남의 순무(巡撫) 진보잠(陳寶箴), 안찰사 황준헌(黃遵憲) 등은 모두 유신의 경향을 가지고 있던 관리들이었고 따라서 변법에 찬성하고 있었다. 담사동의 적극적인 이끌음 속에서 그들은 '시무학당'을 열고 '남학회(南學會)'를 조직하였다. 그리고 '상학신보(湘學新報)'와 '상보(湘報)'를 출판하였다. 1897년 겨울 그들은 양계초를 초빙하였다. 양계초는 이 기간 한편으로는 중국어 교습을 담당하고 한편으로는 적극적으로 호남의 유신운동을 일으키는 데 협조함으로써 당시 호남지역이 유신변법운동이 가장 활발한 지역이 되도록 하였다.

시무학당에 양계초가 들어온 후 그는 강유위(康有爲)의 만목초당(萬木草堂)의 경험을 잘 응용하고 발전시켜서 시무학당을 당시 최고 명성이 있는 학교로 발전시켰다. 양계초는 "호남시무학당학약"에서 시무학당의 교육방침으로 "서학겸습(西學兼習)"을 내놓았다. 이 방침에 따라서 그는 시무학당의 과정을 크게 보통학과 전문학의 두 부분으로 나누었다. 보통학에는 제자학(諸子學), 경학, 공리학과 외국사 그리고 격산(格算) 관련학 등이 설치되었으며, 전문학에는 공법학(公法學)과 장고학(掌故學) 등이 설치되었다.

총교습으로서의 양계초는 시무학당을 관리하는 짧은 기간 동안 교육개혁가로서의 자신의 사상을 남김없이 이 시무학당의 운영에 부어 넣었다. 그는 교육활동을 통해 강유위의 변법이론, 즉 공양학파(公羊學派)의 역사관과 개량주의의 정치론을 선전하고, 서양학문을 널리 소개하였으며, 봉건시대를 옹호하는 사람들에 대해서는 지체 없이 비판을 가하기도 하였다. 이런 활동을 통해 양계초는 봉건사상의 영향을 적지 않게 받고 있던 시무학당 학생들의 눈을 뜨게 하고, 당시의 사상계와 교육계에 신선한 바람을 불러일으켰다.

시무학당의 교육내용을 상세히 기록한 문서를 보면, 양계초는 수업방법에 있어서 일대 개혁을 단행한 흔적을 엿볼 수 있다. 그 내용을 보면 학생이 입학해서 6개월 이전까지는 보통학을 배우도록 하고, 6개월 이후 전문 과목을 배우도록 했는데 이때도 보통과목을 같이 배우도록 하였다. 학생이 공부할 때에는 반드시 「춘추공양전(春秋公羊傳)」과 「맹자(孟子)」 중의 큰 뜻과 민권사상 등을 공부한 후 외국의 정치, 법률을 비교 공부하도록 하였다.[31] 이는 양계초의 서학겸습(西學兼習)을 말하는 것으로서 아무리 서양학문이 좋아도 자기 것이 밑바탕이 되어야 함을 역설하고 있는 것이라고 할 수 있다.

양계초는 학생들에게 숙제를 내주고, 고치는 것에 대해서도 아주 열심이었다. 그는 글자 하나하나부터 긴 문장에 이르기까지 학생들의 문장을 고치기 위해 밤을 새우는 경우가 많았다.

그는 시무학당을 통해 유신변법에 필요한 인재를 양성해 내었는데, 당시 유신변법운동에 활발히 참여하던 채악(蔡鍔), 범원렴(范源濂) 등은 모두 시무학당의 학생이었다.

유신파가 호남지역[32]에서 벌인 활동의 성적은 매우 좋았지만 당시 그 지역의 보수 세력은 매우 강력하게 활동하

31) 〈湘報〉 第102號

32) 중국의 남부지방으로 지금의 호남성 지역이 이에 해당한다.

고 있었다. 당시의 보수 세력은 양계초를 축출하려는 강력한 압력을 행사하였으며 이를 견디다 못한 양계초는 마침내 호남의 장사(長沙)를 떠나 상해로 돌아오게 된다. 그러나 시무학당이 뿌린 진보적인 사상은 그가 떠났다고 해서 소멸되는 것이 아니고, 결국은 이 지역이 중국의 사상을 선도해 가는 역사적인 지역으로 자리를 잡게 되었다.

2) 백일유신(百日維新) 기간의 교육활동

1898년 양계초는 정치 투쟁의 중심인 북경으로 돌아 왔다. 광서(光緖)황제는 그를 접견한 후에 그에게 6품의 벼슬을 주어서 번역국의 일을 맡도록 하였다. 그러나 그는 이 기간 동안에 강유위(康有爲)가 조직한 보국회(保國會)에 도움을 주었을 뿐만 아니라, 유신인사와 연계를 가지고 사회개혁을 위한 노력을 기울였다. 이와 함께 각종 형식을 통해 광서(光緖)황제가 새로운 정치를 펴는 상유(上諭)[33]를 권하기도 하였다. 아래에 기술하는 내용은 양계초와 직접 관련이 있는 교육개혁과 관련한 건의와 활동에 대한 것이다.

첫째, 팔고(八股)를 폐지할 것을 상소하였다.

33) 임금님의 말씀

양계초는 북경에서 백여 명의 인사들과 연합해서 상소를 올리고, 팔고취사(八股取士)제도를 폐지할 것을 건의하였다. 양계초는 또 중서학당(中西學堂)을 개설할 것을 건의하고, 경사대학당(京師大學堂)을 설립해서 신형인재를 배양해 내고자 하였다. 그는 "팔고를 폐지하는 것이 사회의 풍기를 변화시킬 수 있다"[34]고 하고, 이럴 경우 국가를 부강시킬 희망이 있다고 주장하였다.

둘째, 경사대학당장정(京師大學堂章程)을 기초하였다.

변법유신운동이 갈수록 활기를 띠게 됨에 따라 강유위는 다시 한 번 경사대학당을 설립할 것을 주장하였다. 1898년 초 광서황제는 마침내 경사대학당의 설립을 승인하였다. 이에 따라 양계초는 정부의 부탁을 받아 경사대학당의 장정을 기초하게 되었다.

이 장정은 일본의 학규(學規)와 중국의 형세를 고려해서 만들어 졌는데, 8장 54절로 구성되어 있다. 학교운영방침은 중서병용(中西竝用)으로써 서학을 학당의 하나의 과목으로 하되, 학당의 전체로 삼지 않는 것으로 하고 있다. 즉, 중학(中學)과 서학(西學)을 고루 가르치되 그 근본은 중학에 두겠다는 의도이다.

이런 방침에 따라 교육과정이 크게 보통학과 전문학의

---

34) 梁啓超, 戊戌變法(2), 343-347쪽

두 부류로 나뉘어 설치되었다.

보통학에는 경학(經學), 이학, 장고학(掌故學), 제자학(諸子學)과 초등 수준의 산학(算學), 격물치지학(格物致知學), 지리학과 문학, 체조 등이 설치되었다. 전문학에는 고등수준의 산학(算學), 격물치지학(格物致知學), 정치학, 지리학, 농학, 광산학, 공정학, 상학, 병학(兵學), 위생학 등이 설치되었다. 보통학은 학생들이 반드시 이수해야만 하는 필수과목으로써 제시되었으며, 전문학 과목은 학생이 임의로 하나 내지 두 과목을 선택할 수 있도록 되어 있었다.

학생은 두 개의 반으로 나뉘어져 교육을 받도록 하였는데, 입학 후에 먼저 보통학 과목을 다 배운 후에 그 상위반으로 올라갈 수 있도록 하였다. 그리고 상위반에 올라가야 전문 과목을 배울 수 있도록 하였다.

경사대학당장정에는 또 관학대신(管學大臣)을 두어서 학교의 행정사무를 담당하도록 하고, 총교습을 두어 학교의 교육업무를 총괄하도록 하였다. 이와 함께 "각 성(省)의 학당은 경사대학당의 관할하에 둔다."고 규정함으로써 경사대학당은 전국 최고의 학부일 뿐만 아니라, 전국의 최고 교육행정기관이 되도록 하였다. 양계초가 기초한 이 장정은 중국 근대 고등교육에 대해 가장 먼저 등장한 학제와 관련한 문서이다.[35]

35) 〈北京大學校史〉, 7-8쪽

셋째, 번역국을 설치하도록 하였다. 번역국을 설립하는데 2만량, 매월 경비로 1,000량 등이 소모되었는데 이것을 모두 정부에서 보조해 주었다. 이와 함께 양계초의 주장에 따라서 상해에 번역학당이 설립되었다.

3) 만년의 학술강연과 저술활동

중국 근대사에서 양계초는 열정적으로 학문에 정진하였을 뿐만 아니라, 이에 걸맞게 많은 학문적 업적을 남긴 학자이다. 그의 학술연구는 백과사전식의 연구열을 가지고 있었다. 더욱이 그의 생애의 최후 10년 동안 학술 면에서 최고의 고봉기에 도달하였는데, 대량의 학술저작을 잇달아 발표하여 당시의 학술계와 교육계에 중대한 영향을 끼쳤다.

1920년 후 그는 근대의 저명학자 왕국유(王國維)와 함께 청화연구원(淸華硏究院)의 지도교수를 담당하였다. 이와 함께 남개대학(南開大學) 등 몇 개 대학의 교수를 겸임하였다. 이와 동시에 그는 이곳저곳을 다니면서 학술보고와 연설 등을 하였고, 대학에서는 철학, 문학, 역사 등의 인문과학 분야의 과정을 강연하였다. 그는 박식한 학식을 가지고 학생들에게 깊은 영향을 끼쳤다.

양계초는 1922년 청화대학에서 학생들을 지도하기 시작하여 1925년 정식으로 연구원 지도교수가 되었다. 그는 청화대학 시기에 〈역사연구법보충편〉, 〈고서의 진위와 그 연대〉, 〈유가철학〉 등의 저술을 남겼다. 이외에 그는 남경의 동남대학과 천진의 남개대학에서도 강의를 하였는데, 이때의 내용을 집대성해서 〈선진시기 정치사상사〉, 〈청대 학자의 구학문을 정리한 총 성적〉 등을 펴내었다.

지식 전수의 방면에서 그는 학생들에게 스스로의 연구성과를 전수하는 것 외에 특별히 학생들에게 학문을 다스리는 방법론을 가르치고자 애썼다.

3. 양계초의 교육방면 저작

양계초는 교육사상가답게 교육방면에 대단히 많은 저작을 내놓았다. 이들 교육방면의 저작들은 양계초의 교육에 대한 관점을 이해하는 데 유용한 자료가 되고 있다. 그의 교육방면의 저작 중 중요한 것은 다음과 같다.

1) 변법통의

변법통의(變法通議)는 1896년도에 내어놓은 것이다.

이 속에는 학교총론, 과거제도, 사범교육, 여자교육, 유아교육에 대해 논의한 내용이 담겨져 있다. 이글들은 양계초가 상해의 「시무보(時務報)」의 편집자로 일할 때 발표한 글들이다. 양계초의 글 중에서는 초기의 것에 속하는 것이라고 볼 수 있다. 그는 「변법통의」에서 당시 중국의 낙후된 상황을 직시하고는 "변법의 근본은 인재의 육성에 있다. 인재의 흥은 학교를 여는데 있다. 학교의 설립은 과거를 변화시키는 데 있다."고 주장하였다. 그는 특별히 서양의 학교제도를 배울 것을 강조하고, 사범교육, 여자교육, 유아교육을 세울 것을 이 글 속에서 주장하였다.

2) 상남피장상서논개서원과정서

상남피장상서논개서원과정서(上南皮張尙書論改書院課程書)는 1897년에 내어 놓은 것으로서 양계초의 편지를 모아놓은 책이다.

양계초는 편지 속에서 "인재를 배양하는 것이 가장 급한 일"이라고 주장하고 다양한 유형의 학교를 세울 것을 주장하였다. 그는 중국에서는 방언, 산학(算學), 제조, 군사 등 유형의 학교만을 건립하고 있는데, 더욱 관심을 기울여야 할 부분은 정치학교를 설립해서 변법유신을 할 수 있는 행정관리인원을 양성해 내야 한다고 주장하였다.

3) 여임적신태수논절중학당과정응제창실학서

여임적신태수논절중학당과정응제창실학서(与林迪臣太守論浙中學堂課程應提倡實學書)는 양계초가 1897년에 항주에서 벼슬을 하는 친구 임계(林啓)에게 보낸 편지를 묶어서 펴낸 책이다. 당시 임계는 구시서원(求是書院)을 개설하고 있었다. 편지에서 양계초는 친구 임계에게 정치와 법률 방면 학문의 중요성을 역설하였다. 그는 서원 교육은 중서겸습(中西兼習)과 정예병진(政藝并進)을 해야 한다는 주장을 펼치었고, 교수는 고금을 통하여 중학과 서학에 모두 도달한 사람을 뽑아야 한다고 역설하였다.

4) 교육정책사의

교육정책사의(教育政策私議)는 1902년 양계초가 일본에 피신 중이던 시절 편집을 담당하던 「신민총보(新民總報)」에 썼던 교육논문이다. 그는 이 논문에서 학생의 발달단계를 유아기, 아동기, 소년기, 성인기의 4단계로 나누고, 비교적 체계적인 교육제도표를 만들어 내었다.

5) 신민설

신민설(新民說)은 양계초가 「신민총보」에 연재했던 장편의 논문이다. 그는 신민을 양성하는 것이 지금 중국의 가장 급한 일이라고 하고, 교육의 목적은 새로운 국민 즉 신민을 배양해 내는 데 두어야 한다고 역설하였다. 그는 신민은 반드시 신도덕, 신사상, 신정신을 구비하고 있어야 한다고 보았다. 이러한 신민설은 구한말의 우리나라에도 양향을 끼친 중요한 논설로써 그 의미가 크다고 하겠다.

CHAPTER 2

양계초의 사상 형성 배경

1. 유학의 영향
2. 서학의 영향
3. 진화론의 영향
4. 불학의 영향

1. 유학의 영향

양계초의 가정은 유교가정이었다. 따라서 양계초는 어려서부터 유학교육을 받고 자랐다. 그는 『삼십자술(三十自述)』에서 다음과 같이 말하고 있다.

> 4~5세 때부터 할아버지와 모친의 슬하에서 사서(四書)와 시경(詩經)을 배웠다. 밤이면 할아버지 침상에서 자면서 옛 호걸들과 철인들의 미담, 아름다운 행실에 관한 이야기를 들었고, 특히 송나라, 명나라의 망국지사를 흥미진진하게 들었다. 6세 이후 12세에 학원(學院)에 응시하여 박사제자생으로 들어가 날마다 첩괄(帖括)[1]을 읽었다. 마음에 내키지 않았지만 첩괄 외에 더 배울 것이 없는지라 거기에 파묻혀 연찬하는 수밖에 없었다. 오히려

1) 첩괄이란 당대의 첩경(帖經) 응시자들이 서경(書經)의 난귀(難句)를 뽑아서 노래처럼 만들어 기억하기 쉽게 만든 손안에 드는 수첩

사장(詞章)을 매우 즐겼으므로 할아버지와 부모님들이 때때로 가르쳐 주셨는데 팔고문(八股文)보다 더 좋았다. 가계가 빈한하여 읽을 만한 책은 없고 다만 사기(史記), 강감이지록(綱鑒易知錄)을 할아버지와 아버지한테서 배웠는데 사기의 문장중 십중팔구는 오늘까지도 암송할 수 있다. 아버지는 나의 총명함을 사랑하여 한서(漢書)와 요씨(姚氏)의 고문사류찬(古文辭類纂)을 주셨으므로 크게 기뻐하며 다 읽었다.[2)]

이 내용을 보면 양계초는 어렸을 때 사서와 시경(詩經)을 배웠고, 역사방면의 책을 많이 보았음을 알 수 있다. 그는 8세에 사서와 시경을 완전히 읽었고, 8세 전에 오경(五經)을 완전히 독파했다. 그가 5세에서 14세까지 약 10년간의 생활은 가정교육과 사숙교육을 받은 시기라고 할 수 있는데, 이 기간 중 그가 읽은 책들은 중국전통의 문화, 철학, 역사에 관한 것들이었다.[3)]

---

2) 夏曉虹, 梁啓超文選 上册, 364쪽

3) 양계초가 이 10년간 읽은 책들의 종류는 다음과 같다.
1877년(4세): 四子書, 詩經
1878년(5세): 중국약사, 五經
1883년(10세): 輶軒語, 書目答問
1884년(11세): 唐詩, 史詩, 綱鑑易知錄, 漢書, 古文辭類纂
1887년(14세): 황청경해, 정속편, 사고제요, 사사, 이십이자, 백자전서, 오아당총서, 知不足齋叢書

양계초가 강유위의 만목초당(萬木草堂)에서 수학한 것도 그의 사상형성에 커다란 영향을 미치게 된다. 강유위는 양계초에게 육상산(陸象山)과 왕양명(王陽明)의 심학(心學) 그리고 서양학문의 개요에 대해서 가르쳐 주었다. 그리고 강유위로부터 공자의 제도개설에 관한 것, 생사의 이치에 관한 것, 여러 경전의 진위를 밝히는 것, 대동삼세삼통지설(大同三世三統之說) 등을 배웠다.[4)]

양계초는 시무학당의 학규(學規)를 작성하면서도 거기에 유가의 정신을 기본 바탕에 깔았다. 특히 학규 10장을 보면 "공자의 가르침은 비단 한 나라만을 다스리는 데 있는 것이 아니라, 온 천하를 다스리는 데 있는 것이다. 마땅히 공자의 태평(太平), 대동(大同)의 가르침을 온 천하에 널리 함께 전파시켜야 할 것이다."[5)]라고 하여 공자사상의 위대함을 찬양하고 있다.

앞에서와 같은 어린 시절의 교육배경, 학문배경 때문에 중국사상에 대한 그의 학문적 태도는 확실히 공자 이래의 유가적인 입장을 고수하였다. 그리고 종교적인 정서와 과학정신을 중요시하고 있는 것처럼 보이는 묵자를 매우 좋

4) 南海年譜에 보면 이 내용은 강유위가 陣禮吉에게 가르친 것이라고 쓰여 있다. 그러나 진예길과 양계초는 항상 함께 강유위가 거처하는 곳으로 찾아가곤 했기 때문에, 진예길에게 가르쳤다는 것은 곧 同學으로 자리를 함께했던 양계초에게도 가르쳤다는 것을 말해준다. (毛以亨, 梁啓超, 宋恒龍 譯, 74쪽)

5) 夏曉虹, 梁啓超文選 上册, 364쪽

아하였으나,[6] 그렇다고 유가의 정통을 끝까지 버리지는 않았다. 양계초는 노자나 장자에 대해서는 매우 반대하는 입장이었다. 그것은 노장(老莊)이 유학과는 상반되는 사상이었기 때문이다. 양계초가 말하는 유도(儒道)라는 것은 공자를 교주로 삼는 종교적 의미의 유학은 아니었다.

양계초의 사상이 유가사상의 영향을 많이 받았다는 것은 그의 교육사상을 중국의 전통적인 유가교육사상과 비교해 보아도 알 수 있다.[7]

유진(劉眞)은 중국의 전통교육사상을 다음 10가지로 분류하고 있다. (1) 종지학립(確立宗旨) (2) 학이치용(學以致用)[8] (3) 균형발전(均衡發展) (4) 시교어인(施教於仁)[9] (5) 인재시교(因材施教)[10] (6) 유교무류(有教無類)[11] (7) 인성위본(人性爲本) (8) 지행일관(知行一貫) (9) 존사중도(尊師重道), (10) 대동촉진(促進大同)[12] 등이 그것이다. 양계초의 교육사

---

6) 毛以亨, 梁啓超, 宋恒龍 譯, 43쪽

7) 중국의 교육사상은 한 계통이 쭉 이어져 내려오고 있다. 즉 선진시대(先秦時代)부터 청나라 말기에 이르기 까지 시종 유가학설이 주류를 이루었다. 이로 인하여 유교교육사상은 중국 전통교육사상이 되었으며, 공맹자는 이러한 유가의 대표적인 스승이 되었다. 또 공맹학설은 유가의 정통파의 위치에 놓이게 되었다. (任時先, 中國教育思想史, 商務印書館, 1936, 52쪽)

8) 배운 것을 실제에 응용한다는 뜻

9) 가르침은 인(仁)을 기본으로 함

10) 재능, 즉 개인의 특성에 입각해 가르친다는 뜻

11) 가르침에는 부류가 없다는 뜻

12) 劉眞, 中國教育思想, 「師道」, 中華書局, 1973, 731-740쪽

상을 이러한 중국의 전통교육사상, 즉 유가교육사상의 정신에 비추어 분석해 보면 그 내용이 일치함을 알 수 있다.

첫째, 중국교육사상과 서양의 교육사상은 서로 비슷하지만 한 가지 다른 점이 있다. 즉 중국교육사상은 교육의 종지(宗旨)를 확립하는 것을 중요시하였다. 양계초도 이러한 교육의 종지를 확립하는 것을 중시하였다.

둘째, 공자, 노자, 묵자는 3대 성인이지만 그 학파는 각기 다르다. 그러나 그들의 이상과 실용이 서로 일치한다는 점에서는 같다.[13] 청나라 시기 중국에서는 팔고문으로 과거시험을 치러 인재를 뽑는 형식을 취하고 있었다. 따라서 과거를 준비하는 많은 사람들이 팔고문에 매달려 많은 시간을 소비하고 있었다. 그러나 사실 그들이 열심히 공부하고 배운 팔고문은 실용성이 없었다. 양계초는 이런 현상을 보고 학문과 실용성이 함께하는 과거제도를 시행할 것을 주장하였다.

셋째, 유가사상에서의 교육관은 지, 인, 용, 즉 문무합일적인 교육관을 가지고 있다. 이것을 현대적 의미로 해석하면 지, 덕, 체를 고루 발달시키는 전인교육이다. 양계초도 지, 덕, 체가 고루 발달되는, 즉 인간의 균형 있는 발달을 추구하는 교육을 주장하였다.

13) 郭爲藩, 梁啓超先生敎育思想硏究, 敎育硏究所, 1961, 609쪽

넷째, 공자의 인(人)의 교육은 사람이 사람노릇을 할 수 있도록 가르치는 교육을 말한다. 양계초가 말한 신민도 사람을 건전한 현대인이 될 수 있도록 교육하는 것을 말한다.

다섯째, 공자의 교육법은 학생의 특성에 따라 교육하는 방법을 취하고 있다. 양계초도 이러한 학생의 특성을 고려한 교육법을 주장했는데 그 대표적인 것이 여자교육 관련 주장이다. 그는 여자가 남자보다 나은 점이 정리하는 능력이라고 보고 여자의 교육에는 사학, 회계학, 신문학, 도서관학 등이 제격이라고 보았다.

여섯째, 공자는 향학하는 데 있어 계급을 가르지 말고 모두 수용해야 하며, 평민의 자제들로 하여금 교육받을 기회를 주어야 한다는 교육기회 평등사상을 가지고 있었다. 양계초도 모든 국민이 교육을 받을 수 있도록 강제성을 띤 의무교육을 실시할 것을 주장하고 있다. 이러한 전국민교육주의는 바로 공자의 계급을 가르지 말고, 교육의 기회를 주자는 교육기회평등의 사상과 맥을 같이하고 있다.

일곱째, 유가교육사상은 바로 도덕, 인격교육사상이라고 할 수 있다. 양계초는 도덕교육을 대단히 강조하였다. 그가 도덕교육을 강조한 것은 이러한 도덕교육을 통해서 신민을 양성하고자 했기 때문이다. 결국 양계초는 유가교육에서와 마찬가지로 도덕교육, 즉 인격교육을 강조하였다고 볼 수 있다.

여덟째, 중용(中庸)에서 "널리 배우고, 세세히 물으며, 신중히 사고하고, 시비를 판명하며, 절실히 행한다."고 함은 지식을 배워 얻을 뿐만 아니라, 그것들을 실행할 수 있을 것을 요구하고 있는 것이다. 양계초도 학습을 해서 실제 응용할 수 있는 실용적 교육을 주장하고 있다.

아홉째, 공자의 교육적 태도는 학생을 아끼고 보살피는 것이다. 따라서 진실되게 교화하면 교사는 존경을 받게 되고 교육적 효과도 높아진다고 보았다. 양계초가 교사의 모범적인 표준을 만들기 위하여 사범학교의 설립을 주장하는 등 사범교육의 중요성을 강조한 것도 이와 유사한 뜻이었다고 볼 수 있다.

열째, 대학(大學)에서 나오는 치국평천하(治國平天下)의 평천하(平天下)는 곧 대동(大同)의 뜻이다. 이 대동은 수신으로부터 비롯된다고 할 수 있으며, 공자가 말한 인의 교육이다. 양계초의 교육은 신민에서 비롯되며, 신민을 한 뒤에 구국을 하고 세계평화에 이르게 된다고 보았다.

그러면 무엇 때문에 양계초와 같은 당시의 진보적인 개혁인사가 유가사상을 버리지 못하고 그 사상을 개혁의 기초로 삼게 되었는가?

그 중요 원인은 당시의 진보, 개혁적인 인사들이 봉건주의와 일정한 연계가 있었기 때문이라고 할 수 있다. 그리고 이 점은 양계초도 예외가 아니다. 이와 함께 몇 가지 원

인을 들 수 있는데 오안남(吳雁南)은 그 원인으로 다음과 같은 4가지를 들고 있다.[14)]

첫째, 유가의 시조는 공자라고 할 수 있다. 그런데 유가는 그 연원이 유구한 역사를 가지고 있다. 이러다 보니 유가의 경전이 유가 일가의 개인적인 사고에 의해서만 얻어진 것이 아니고, "고대 도술을 모두 모은 것"이라고도 볼 수 있다. 이에 따라 내용이 매우 풍부하고, 복잡하다. 또 유가의 시조로써 공자가 활동했던 시기는 중국이 노예사회로부터 봉건사회로 향하는 과도시기였다. 따라서 사회적으로 매우 어지러운 변혁의 시기였다. 공자와 그 문도는 그 시대의 조류에 순응해서 사학(私學)을 열고, 중국고대의 문화와 교육에 한 획을 긋는 공헌을 세웠다.

유가의 시조 공자는 진보성과 보수성이라는 이중성을 가지고 있던 정치사상가였다. 그래서 공부자(孔夫子)와 유가의 언론은 후세의 진보적인 학자, 사상가, 정치가들에 의해 부단히 인용되고 찬양을 받았다.

둘째, 유가경전의 내용을 보면 국민을 중시하는 사상이 여기저기 포함되어 있다. 예를 들면, 민본사상, 대동사상 등이 그것이다. 이런 사상은 중국의 지식인에게 자연스럽게 흡인력을 가져다주었다고 볼 수 있다.

---

14) 吳雁南, 儒學與維新, 「中國近代史」, 中國人民大學 書報資料中心, 1988. 8, 94-96쪽

셋째, 유가경전 중에는 변혁의 사상을 가지고 있는데, 육경(六經) 중의 주역(周易)에서 “역(易)”은 “변역(變易)”의 뜻을 가지고 있다. 특별히 계사(系辭)에는 자발적인 소박한 변증법사상을 포함하고 있다. 주역의 변역관과 공자의 변혁사상은 근대 중국의 지사들이 개혁여론을 만드는 경전으로 활용되었다.

넷째, 유가경전 속에는 중국민족의 우수한 문화유산에 대한 내용을 기록하고 있다. 그들에게 개조나 흡수의 기회를 제공할 수 있다.

지금까지 살펴본 바, 양계초 사상의 기초는 유가사상이라고 할 수 있으며, 유가 중에서도 공자의 영향을 가장 크게 받았다. 결국 양계초는 유가경전의 풍부한 내용과 중국의 문화유산에 대한 기록, 민본사상, 대동사상 등 백성과 관련한 사상, 유가의 변혁사상 등을 기초로 삼아 그의 사상을 당대에 펼쳐 나갔다고 볼 수 있다.

2. 서학(西學)의 영향

양계초는 서방문화에 대한 접촉이 일찍부터 있었다. 그가 서방문화에 대한 접촉을 시작한 것은 강유위의 만목초당(萬木草堂)에서 공부할 때부터이다. 그는 만목초당에서 서방의 여러 책들을 접할 수 있었다. 그러나 양계초가 본격적으로 서학의 영향을 받게 된 것은 것은 크게 보면 일본으로의 망명과 유럽, 미국으로의 여행을 통해서였다. 양계초는 1898년 도일하여 일본인에 의해 번역된 서학에 관한 서적을 탐독했는데 이것은 그의 사상에 아주 큰 영향을 끼치게 되었다. 그는 삼십자술(三十自述)에서 다음과 같이 말하고 있다.

> 무술년 9월에 일본에 도착하였다. 10월에 고베(横濱) 상업계의 여러 동지들과 더불어 청의보(淸議報)를 발간할 것을 토의하였다. 그때부터 일본 동경에 거주한 것이 1년, 일문을 좀 읽을 줄 알게 되고, 사상이 변화하였다.[15)]

이를 보면 일서(日書)를 읽음으로써 그의 사상이 변했음을 알 수 있다.

1899년 그는 청의보(淸議報)에 「각국헌정이동론(各國憲政異同論)」을 발표했는데, 거기서 언론자유, 행동의 자유, 거주의 자유, 재산의 자유를 주장하였다. 그리고 그는 청의보 「백책발간축사(百册發刊祝辭)」에서 청의보는 민권을 주창한다고 하였는데 이는 이미 그가 서양의 민권사상의 영

15) 夏曉虹, 梁啓超文選 上册, 367쪽

향을 받고 있었음을 알 수 있다.

그러면 도대체 양계초가 일본의 책들로부터 얻은 것은 무엇인가? 그것은 양계초의 다음과 같은 말을 통해서 알 수가 있다.

> 일본은 유신 30년래 세계적으로 널리 지식을 구하였다. 그들이 유용한 서적들을 펴낸 것이 수천 종 이상인데 정치학, 자생학(資生學), 지학(智學), 군학(群學)은 비록 결점이 없는 것은 아니나 대체적인 것은 갖추어져 있다.[16)]

이 글을 통해 보면 양계초는 일어로 번역된 많은 서양서나 일본인이 저술한 책을 부지런히 열독함으로써 서양의 학술사상과 일본의 법정(法政)에 관한 지식을 많이 흡수하였다. 그리고 이로 인하여 그의 사상과 언론이 크게 변하였음을 알 수 있다. 더욱이 그는 근대 서방의 정치혁명과 일본의 명치유신이 모두 루소의 민약론의 영향을 받아 생겨난 효과라고 생각하였다.

양계초는 1901년에서 1902년 사이에 루소, 베이컨, 데카르트, 다윈, 칸트, 아담 스미스, 몽테스키에, 아리스토텔레스, 플라톤 등의 학설을 소개하였다.[17)] 이를 보아 그의 서

16) 梁啓超, 論學日本之益,「淸議報」第十册, 1899

학에 대한 공부가 대단히 깊어지고, 큰 발전을 하였음을 알 수 있다.

양계초의 유럽여행은 유럽지역의 실제적인 사회상황을 볼 수 있는 계기가 되었으며, 더욱 많은 서학을 연구할 기회가 있게 하였다. 그는 서양의 자유와 민주사상에 대해서 아주 구체적인 연구를 하였는데 이것이 가능했던 것은 유럽이나 미국에서 자료를 많이 얻었기 때문이다. 그러나 양계초는 연구과정에서 서양의 것을 완전히 모방하지는 않았다. 양계초는 유럽여행을 통해서 서양문화의 좋은 점뿐만 아니라, 단점도 알게 되었고, 그래서 여행에서 돌아온 후 동방문화로써 서양문화의 나쁜 점을 구해야 한다고 주장하였다. 양계초는 그가 저술한 「구유심영록(歐遊心影錄)」의 서문에서 이에 관한 견해를 밝히고 있다. 그가 유럽여행에서 돌아온 후 정무를 사절하고 학술과 교육 사업에 진력하게 된 것은 서양문화의 자극을 받은바가 매우 컸다는 점을 부인할 수 없다.[18)]

17) 양계초가 당시에 섭렵한 구미, 일본의 영향이 있는 문화 명인은 50여명이나 되는 것으로 알려지고 있다. (李喜所, 元青, 梁啓超傳, 人民出版社, 1994, 66-168쪽)

18) 鄭世興, 梁啓超教育思想, 幼獅文化事業公司, 1980, 15쪽

3. 진화론의 영향

진화론은 양무운동시기에 중국에 전파해 들어오기 시작해 19세기 90년대에 광범위하게 전파되었다. 이것은 당시의 선진인사들에게 접수되었고, 그들이 세계를 관찰하며 사회를 바꾸는 무기로 이용되었다. 양계초는 1차 중일전쟁[19]후에 비교적 계통적인 진화사상이 형성되었다.[20] 그의 많은 언론은 진화를 출발점으로 안한 것이 없었으며, 진화론은 유신변법의 총체적인 철학이라고 할 수 있다.

양계초는 세계만물은 모두 변화하고 있으며, 변화는 절대적인 것이라고 주장하였다. 정(靜)은 상대적인 것이며, 변(變)은 자연과 인류에게 생기를 가져오며, 불변하면 일체의 사물이 죽는다고 보았다. 그는 자신이 쓴 「변법통의(變法通議)」에서 이렇게 말했다.

> 법(法)은 왜 변해야 하는가? 천지간의 사물치고 변하지 않는 것이 없다. 낮과 밤이 변하여 날(日)이 되고, 차고 더운 것이 변하여 해(歲)가 된다. 대지가 움직이고, 유체

19) 중국에서는 갑오전쟁이라고 부른다.

20) 李喜所, 元靑, 梁啓超傳, 75쪽

가 더위지고, 뜨거운 것이 빙하를 녹여 흐르는 숱한 변화 속에 지구가 생겼다. 해초와 조개가 생기고, 큰 나무와 큰 새, 나는 고기, 기는 자라, 캥거루와 척추동물이 서로 생멸하고, 대가 바뀌는 가운데 세계가 생겼다. 자주빛과 붉은 빛 피가 체내에 흘러들고, 산소와 탄산가스의 호흡이 계속되면서 하루에도 천 번이 변하는 가운데 세계가 생겼다. 만약 변하지 않는다면 천지와 인류는 동시에 생명을 멈추게 될 것이다. 그러므로 변하는 것은 예나 지금이나 공리(公理)이다. 공조의 법(貢助之法)이 변하여 조용조(租庸調)[21]가 되고, 조용조(租庸調)가 변하여 양세(兩稅)[22]로, 양세(兩稅)가 변하여 일조편(一條鞭)[23]이 되었다. 정승의 법(井乘之法)이 변하여 부병(府兵)으로, 부병이 변하여 기(騎)로, 기(騎)가 변하여 금군(禁軍)이 되었다. 학교의 진학방법도 변하여 천벽(薦辟)으로, 천벽이 변하여 9품중정(九品中正)으로, 9품이 변하여 과목(科目)이 되었다. 천년 세월, 변하지 않은 때가 없고, 변하지 않은 일이 없는 것은 공리(公理)에 당연한 것으로써 사람의 힘으로 되는 것이 아니다.[24]

---

21) 당대의 조세제도로 "租"는 구분전(口分田)에 관한 세, "庸"은 사람에게 과하는 노역의무, "調"는 집에 관한 현물세를 말한다.

22) 옛날 봄, 가을 두 번 내는 세금.

23) 일조편법. 명대의 세법으로서 전부(田賦), 요역(徭役), 잡세 등 일조(一條)로 간편하게 하여 은납제(銀納制)로 징수하였음.

24) 夏曉虹, 梁啓超文選, 3쪽

양계초는 이 내용을 통해서 자연으로부터 인생으로, 인생으로부터 사회까지 아주 명백하게 진화의 보편성과 변하는 것의 불가피성을 역설하였다.

그러면 양계초가 어떻게 진화론을 수용하고 접하게 되었는가?

여러 학자들이 양계초가 일문(日文)을 통해서 진화론의 학설과 사상을 흡수한 것처럼 이야기하고 있다. 그러나 1896년 엄복(嚴復)이 다윈의 진화론 번역본인 「천연론(天演論)」의 원고를 미리 보여준 적이 있는데 그 때 양계초가 다윈의 진화론에 대한 지식을 갖게 되었다고 보는 것이 좀 더 설득력이 있는 견해이다. 곽정소(郭正昭)에 의하면 다윈의 저작과 원시진화론사상의 진정한 번역소개자는 마군무(馬君武)라고 한다.[25] 그는 다윈의 저작인 「물종원시론(物種原始論)」과 「인류의 시조」를 모두 충실하게 중문으로 번역하였다. 1903년에 이르러 「물종원시론(物種原始論)」의 제3장 생존경쟁 및 제4장 자연도태를 번역하여 둘을 하나로 합쳐서 단행본으로 출판하였는데, 이 책은 많은 사람들에게 널리 읽힌 것으로 알려지고 있다.[26] 이때는 양계초가 일본에 머물고 있을 때인데 양계초의 진화론 방면의 사상

25) 이와 관련해서는 郭正昭의 「社會達爾文主義與晚淸學會運動」, 中硏 近代所集刊 3期, 1972를 참고하기 바란다.

26) 郭正昭,「社會達爾文主義與晚淸學會運動」, 581-582쪽

은 적어도 마군무(馬君武)의 중역본과 유관한 것이 아닌가 생각된다.

양계초가 진화론을 받아들이게 된 것은 진화론을 통해서 어떻게 한 민족의 왕성한 활력을 유지해 발전을 가져올 수 있을까 하는 점을 찾는 데 있었다.

봉건전제시대는 한 사람 혹은 몇 사람의 손에 의해서 대다수 사람의 행동을 좌우한다. 따라서 황권시대(皇權時代)는 민족의 활력을 고도로 발전하지 못하게 하며 "동(動)"을 억제하고 "정(靜)"을 추구한다.[27] 양계초는 황권시대의 "동(動)"을 억제하는 것이 민족의 발전을 저해하는 것으로 보고, 진화의 이론으로 봉건통치를 비판하였다.

1897년 양계초는 진화론을 이용하여 인류사회 진보의 3단계를 제시하였다.[28] 1902년에는 신민총보에 민족경쟁의 대세를 논함(論民族競爭之大勢)이라는 글을 발표하였는데 여기에서 양계초는 진화론의 생존경쟁 관념에 입각하여 인류발전을 하나의 경쟁사라고 설명하였다. 양계초는 또 진화론의 이론을 응용하여 아리스토텔레스가 말한 소위 국가의 정체(政體)가 군주제에서 패주제(覇主制), 호족제(豪族制), 민주제로 순환한다는 생각에 대해 반대의 입장을 취하였다. 양계초는 아리스토텔레스의 생각은 이전에 경험한

27) 李喜所, 元靑, 梁啓超傳, 77쪽

28) 이 내용은 시무보에 발표한「論君政民政相嬗之理」에 제시되어 있다.

역사에 의거해서 장래를 추측할 수 있는 것이나, 실제로 이와 같이 정해진 예에 의해서 순환하는 것은 없다고 하였다.

한편 양계초는 1903년에 중국국민의 품격을 논함(論中國國民之品格)을 발표하였다. 거기에서 그는 다음과 같이 주장하였다.

> 국가는 3등급이 있다. 첫째는 사람들의 존경을 받는 나라 (중략) 다음은 사람들의 경외(敬畏)를 불러일으키는 나라 (중략) 다음은 (중략) 바로서지 못하는 나라, 남의 조종과 움직임에 놀면서 남이 시키는 대로만 움직이는 나라인데 이런 나라는 세상에 존재하나마나 하여 경멸을 받기 마련이다.[29)]

이렇게 양계초는 세계 각국을 3등급으로 구분하였는데, 이러한 구분의 사상적 배경이 된 것이 바로 진화론의 생존경쟁의 이론이었다. 또 양계초의 유명한 문장으로 「신민설」이 있는데 이것도 다윈의 물경천택(物競天擇)의 진화론을 그 근본으로 하여 중국인의 각성을 촉구하고자 한 것이었다.

결국 양계초의 일생 중 곳곳에 발표되었던 그의 사상은 바로 진화론의 영향을 받아 쓰인 것으로, 이 진화주의야말로 난국에 직면하여 강민구국(强民救國)을 부르짖었던 양계

29) 양계초문집 14, 1-5쪽

초 사상의 핵심이라고 볼 수 있다.

4. 불학(佛學)의 영향

양계초의 학술사상은 불학의 영향을 받은 정도가 아주 뚜렷하다. 그는 불교의 이치에 대한 연구가 아주 깊고, 늘 불가(佛家)의 이치로 우주와 인생현상을 이해하며, 수양을 하는 원칙으로 삼았다. 양계초는 불가의 업보사상으로 인생과 인과관계를 설명하고 불교학설의 "유전상(流轉相)"으로 사상의 "유전상(流轉相)"을 해석하였는데 이를 보면 그가 불학의 영향을 받은 정도가 매우 깊음을 알 수 있다.[30)]

양계초가 불학을 연구하기 시작한 것은 만목초당(萬木草堂)에서 부터이다. 그러나 마음으로 불학을 깨닫게 된 것은 광서(光緖) 22년(1896년) 좌우이다.[31)] 그 당시에 그가 사귀고 있던 친구 중에 하수경(夏穗卿), 오안주(吳雁舟), 송연생(宋燕生) 등은 대부분 불학을 좋아하는 자들이었다. 양계초는 그들과의 토론과 담론을 통해서 불학에 대한 학문적 토대를 마련해 나갔다.

---

30) 鄭世興, 梁啓超敎育思想, 15쪽
31) 鄭世興, 梁啓超敎育思想, 15쪽

양계초는 학문으로서의 불학만이 아니라, 종교로서의 불교에 대해서도 편애하는 바가 있었다. 그는 불교는 사회진보에 유리한 양호한 종교라고 여겼다.[32] 따라서 그는 중국이 국가를 잘 통치하려면 불교를 숭상해야 한다고 주장하였다.[33]

1902년 양계초는 불교와 군치의 관계를 논함(論佛教與群治之關係)이라는 글을 발표하였다. 그리고 그 글에서 불학의 여섯 가지 우수한 점을 열거하여 불교의 우수한 점을 널리 알리고자 하였다. 양계초는 이와 같이 불교를 적극적으로 해석하고, 선전하고, 제창하였다.

양계초는 1922년 남경에서 강의하는 동안에 정기적으로 지나내학원(支那內學院)에 가서 불학강의를 들었다. 그는 딸에게 보낸 편지에다 불학은 "우주에서 유일한 진리"라고 말하고 딸에게 자주 염불하라고 권고하였다.

근대 중국에서 불학을 연구하고 숭상하는 것은 지식계의 일종의 풍상(風尙)이었다.[34] 그들이 불(佛)을 믿게 된 것은 당시의 사회현상과 밀접한 관계가 있다. 청나라 말기의 지식계는 자유롭고 생기가 넘치는 사회 환경이 부족했고, 따라서 지식계 인사들의 불만은 아주 높았다. 이런 상황에서

32) 李喜所, 元靑, 梁啓超傳, 197쪽

33) 李喜所, 元靑, 梁啓超傳, 197쪽

34) 당시 활동했던 康有爲, 譚嗣同, 章太炎 등이 모두 佛學의 선전자요, 신봉자였다.

불(佛)은 자유롭지 못한 사회분위기로 인한 마음의 공허감을 어느 정도 해소해 주는 데 도움이 되었고, 또 자기들의 정치이상을 실현하는 데도 도움이 되었다.

양계초는 당시의 사회분위기와 관련하여 다음과 같이 말하고 있다.

> 사회의 상란(喪亂)이 빈번하면 자연히 염세적인 사상이 발생한다. 이렇듯 혼탁한 세상에는 여러 가지 번뇌와 비애가 생기고, 목숨을 보전할 수 있는 안식처를 찾으려 하나 근본이 있는 사람들은 피하여 불문(佛門)으로 들어간다.[35)]

이는 당시의 시대가 불학을 하지 않고는 못 배기는 사회임을 고백하고 있는 것이다. 양계초는 만년에 불학연구에 많은 힘을 쏟았다. 그는 중국불학사, 불경의 번역과 전파, 불학이론 등에 많은 저작을 내어놓았다.

35) 梁啓超, 飮氷室合集, 專集34, 73쪽

CHAPTER 3

중국의 민족적 과제와 구국교육

1. 시대적 배경
2. 시대적 요구와 구국방법으로서의 교육
3. 중국혼으로서의 신민

1. 시대적 배경

청 말의 정치적 상황은 열강의 침략과 국내적 위기로 특징지을 수 있는 그야말로 내우외환의 시대였다. 1839년에 시작된 아편전쟁을 시발로 열강의 중국침략은 끊임없이 지속되었고, 국내적 위기상황은 태평천국난(1851~1864)을 기점으로 1912년 중화민국의 탄생에 이르기 까지 급격한 정치변동들로 일관되었다.

1839년 아편전쟁의 발발은 영국의 세계시장 확대요구와 청나라의 무역에 대한 폐쇄성을 기반으로 한 광동체제(廣東體制)의 격돌에서 비롯되었다.[1] 청나라가 아편 엄금책이라는 대영 강경정책을 취하자 영국은 자국 상인의 정당한 상업 활동에 대한 부당한 강압이라는 명분하에서 출병하였다. 이 전쟁은 1842년 남경조약의 체결로 매듭지어졌고, 그 결과 청나라는 홍콩을 영국에 넘겨주게 되었다. 아편전

1) 中國近代史編寫組, 中國近代史, 工人出版社, 1984, 26쪽

쟁 후에도 아편의 유입은 계속 증가하여, 은값의 등귀는 계속되었고, 이는 태평천국(太平天國)을 등장시키는 배경으로 작용하게 되었다.[2)]

영국은 남경조약을 통해 중국의 문호개방을 실현하였으나 상호이해관계가 상치되어 제2차 아편전쟁이 발발하였다. 그리고 이 2차 아편전쟁은 중국을 뿌리부터 동요시킨 일격이 되었다. 그러나 반면에 중국의 지배층은 아편전쟁에서의 패배를 충격으로 받아들이기보다는 일정한 양보에 의한 회유책으로 여기고 당면문제를 극복하려고 하였다. 따라서 양무운동과 같은 군사방면에 한정된 "서양"의 수용조차도 1860년대를 기다리지 않으면 안 되었다.[3)] 이와 더불어 1850년에서 1864년에 걸친 태평천국의 난은 중국 18개성 가운데 17개 성까지 파급된 대사건이었다.[4)]

1858년 태평천국난이 절정에 이르자 청나라는 심각한 내우외환에 직면하게 되었고, 이 와중에 영국과 프랑스를 대상으로 텐진조약을 맺게 되었다.[5)] 결국 이 사건을 계기로

2) 中國近代史編寫組, 中國近代史, 48쪽

3) 1840년부터 1860년까지 청나라는 외세에 대해 다분히 비반응적인 태도를 보였다.

4) 태평천국의 난에 대해서는 농민층의 반란으로 해석하는 견해가 있는가 하면 농민의 혁명으로 보는 견해도 있다.

5) 텐진조약은 1856년 10월 광동에서 발생한 "아도호사건"을 해결하기 위해 영국과 협상을 진행하다가 이 무렵 광서성에서의 프랑스인 선교사 살해사건이 일어나 이를 수습하는 과정에서 프랑스도 조약상대국이 되었다.

중화사상(中華思想)은 결정적인 붕괴를 맞이하게 된다. 중국은 서양제국을 대등국으로 맞아들일 수밖에 없었음으로 이들 국가들과 외교 사무를 전담할 관청으로 총리위문(總理衛門)을 설치하였고, 각국의 공사(公使)가 북경에 주재하게 되었다. 결국 청조(淸朝)의 지배체제는 붕괴되기 시작하였고, 경제, 사회적으로 일대 동요가 일어났다. 다른 한편에서는 중국의 지식층과 관료층의 서양에 대한 관심이 싹트기 시작하였다. 천진, 북경 양 조약에 따라 중국시장은 열강에게 전면 개방되었고, 열강이 세제상의 특권을 향유하게 되자 중국은 점차 반식민지국가로 전락하게 되었다. 한편 청조로부터 제반 특혜를 획득한 열강은 자국의 이익을 확보하기 위해 청조를 옹호하고 태평천국을 진압하는데 협조하게 되었다. 이러한 상황은 앞으로의 양무운동(洋務運動)의 계기가 되었다.

1870년 이후 청조는 가속화된 열강의 침략으로 인해 변경지역을 상실하게 되었고, 국내적 위기도 점차 심화되었다. 프랑스와의 전쟁에서의 패배는 중국내에서 양무파에 대한 강력한 비판을 불러 일으켰다. 그 뒤 청일전쟁의 패배에 따라 중국은 1895년 시모노세키조약(下關條約)의 체결을 강요당하였다. 이 조약은 어느 정도는 평등한 내용을 담은 1871년의 청일수호조약(淸日修好條約)을 부정한 것으로써, 일본에서의 청나라의 영사재판권을 박탈하였다. 청일전쟁의 결과로 맺은 시모노세키 조약은 완전한 불평등 조약이었으며, 이를 경계로 중국의 반식민지화는 더욱 가속화되었다.

전후 중국인들은 살기가 매우 어렵고, 패전에 대한 배상 책임이 가중된 상황하에서도 외세배척운동을 전개하였다. 그 과정에서 19세기 말 북중국 일대를 석권한 의화단운동이 일어나게 되었다. 이와 함께 패전으로 촉발된 민족적 위기의 자각은 중국인에게 변법운동을 일으키도록 하였다. 당시 강유위(康有爲), 양계초(梁啓超) 등은 현 체제를 전제로 하면서도 정치, 경제, 사회, 문화, 교육 등 각 분야에 걸친 근본적인 개혁을 요구하는 운동을 전개하였다. 강유위와 양계초가 중심이 된 유신변법운동은 상서(上書), 학회의 설립, 「강학보(强學報)」의 창간, 신문, 잡지의 발간과 그를 통한 민중계몽 등의 활동을 둘러싸고 수구파와의 갈등 속에서 전개되었다.

1890년대에 들어오면서 시장개방과 항구개방 지역의 증가, 외국상품의 유입 그리고 기독교 각 교파의 포교운동[6]이 지역적으로 확대되었다. 이에 따라 각지에서 배외열(排外熱)을 자극하여 구교운동(仇敎運動)이 활발해졌다. 이 과정에서 전통적인 유교문화의 가치체계를 유지하려는 입장

6) 1858년 톈진 조약과 1860년 북경조약은 외국선교사들의 중국내 자유포교를 허용하였다.

에서 민중을 조직, 동원해 왔던 지방 관료나 독서인(讀書人) 대신에 가노회(哥老會)[7] 등 비밀결사가 지도층으로 등장하였다. 또 운동에 참가하는 계급도 이질적 문명의 진출 아래 생활고와 사회불안에 쫓긴 하층민이나 유민층 등이 많아졌다.

1897년 겨울에 독일의 교주만(膠州灣) 점령, 러시아의 여순조차(旅順租借)를 기회로 변법운동은 한 단계 진전을 보게 되었다. 1898년 6월 11일 광서제(光緒帝)가 "명정국시(明定國是)"의 논지를 발표하여, 그날부터 9월 21일까지의 약 100일간에 걸쳐 국정의 일대개혁이 행해지게 되었다. 그러나 이 개혁은 서태후(西太后)를 중심으로 한 보수파의 무술정변에 의해 실패로 돌아가고 말았다.

1899년에는 의화단 일부가 산동 각지에서 구교운동(仇敎運動)[8]을 격렬하게 전개하였다. 1900년 봄에는 의화단이 천진을 점령하였고, 같은 해 6월에는 북경에 들어갔다. 이에 중국에 진출해있던 열강들은 공동출병을 결정하였고, 중국내부가 전쟁상태로 돌입하게 되었다. 결국 중국정부는 8개 연합군의 도움을 얻어 의화단을 막게 되고, 장강(長江) 유역을 비롯한 각지의 구교운동(仇敎運動) 등 민중

---

7) 청대에 조직되어 활동한 반체제 비밀 결사 중 하나이다.

8) 의화단의 반기독교운동을 말한다. 의화단은 선교사의 활동이 중국풍습에 위배된다고 보면서 시작되었다.

운동을 진압하는 체제가 형성되었다. 그 해 10월에는 청정부와 연합군 대표 간의 강화교섭이 시작되어 다음 해 9월 신축조약(辛丑條約)[9]이 조인되었다. 그 결과 청정부 내에는 수구파가 몰락하고, 무술신정(戊戌新政)때 제기된 개혁안이 부활되었다.

의화단운동이 8개국 연합군에 의해 진압된 후 청조의 권위는 완전히 실추되고, 민중의 생활은 날로 고통을 더해갔다. 이런 위기를 자각한 사람들이 혁명을 위한 조직을 구성하게 되었다. 1905년 8월 중국동맹회(中國同盟會)의 설립[10]은 당시까지 개별로 진행되던 혁명 제파의 결집이라는 의미에서 청말 혁명운동사상 획기적인 것이었다. 중국동맹회의 설립에 따라 강유위, 양계초 등의 변법파 기관지 「신민총보」와 혁명파의 동맹회 기관지 「민보」 간에 치열한 논전이 전개되었다.

한편 의화단 운동 후에 청나라는 최후의 파국을 피하기 위하여 서태후(西太后)의 신정(新政)을 실시하게 된다. 그러나 신정의 내용은 무술신정(戊戌新政)의 잔해로써 별 효과를 보지 못했다. 1911년 무창기의(武昌起義)가 있고, 신해혁

9) 의화단최종의정서

10) 중국동맹회가 성립된 배경으로는 (1) 20세기에 들어오면서 부터의 혁명운동의 고양, 즉 손문(孫文)이 말한바 있는 "혁명의 풍조", (2) 동향적 조직을 없애고 각 파의 역량을 결집시키고자 한 바람, (3) 일본에 망명한 각 파의 물리적 조건구비, (4) 재일중국인 유학생의 급증, (5) 노일전쟁의 결과 중국인의 민족적 감정을 강하게 자극, (6) 청조(淸朝) 지배체제에 대한 비판 등을 들 수 있다.

명이 일어나 청나라는 마침내 막을 내리게 되었고, 중화민국이 성립하게 된다.

결국 양계초가 활동했던 당시의 사회는 열강의 침략과 중국의 위기라는 급박한 상황아래서 중국의 위기를 극복하고 나라를 구하자는 여러 갈래의 개혁사상들[11]이 혼돈과 충돌 속에서 활동해 나간 시기라고 할 수 있다.

2. 시대적 요구와 구국방법으로써의 교육

청말 서방 열강의 중국침략이 강화되자 국가자강과 민족자립의 쟁취가 시대적 요구로 대두되었다. 그리고 당시 많은 사람들이 첫손으로 꼽은 것은 교육이었다. 즉, 교육을 바로 세워야만 서방 열강의 침략을 막을 수 있고, 국가자강과 민족자립을 쟁취할 수 있다는 논리였다. 이러한 논리가 처음 나타난 것은 아편전쟁 이후부터였다.

1840년 아편전쟁의 실패는 당시 개혁인사들로 하여금 그 원인을 교육방면으로부터 찾도록 했다. 남경조약(南京條約)이 체결되고 나서 위원(魏源)은 전쟁실패를 전통교육의 폐

11) 당시의 시대상황에 따른 개혁사상은 양무론, 변법론, 혁명론의 3단계로 발전해 갔다. 여기서 양무론과 변법론은 개혁사상으로써 혁명론과는 대립되는 것이지만 사상의 발전과정으로 보아 이와 같이 3단계로 구분하는 것이 타당하다.

단과 연계시키기 시작했고, 무과거(武科擧)의 내용을 개혁해야 한다는 주장을 폈다. 그는 다음과 같이 주장하였다.

> 국가의 무과(武科) 시험에서는 궁(弓), 마(馬), 기(技), 용(勇)을 내용으로 무생(武生), 무거인(武擧人), 무진사(武進士)들을 뽑는데 이것이 육군영(陸軍營)에는 있으나 수군(즉, 水師)에는 없다. 서양에서는 전문적인 선박제조, 선박운전, 화기제조, 기이한 병기제조 기술을 보아 사관들을 뽑는다.[12)]

> 지금 복건, 광동 두 성에서는 수사과(水師科)를 설치하고 서양전함, 화력발동선, 대포, 로켓, 수뢰 등과 같은 기이한 병기들을 제조할 수 있는 자들을 갑과(甲科) 출신으로 삼고 있다. 그들은 세찬 풍랑에도 전함을 몰 수 있고, 열악한 환경에서도 총포를 쏠 수 있는 자들을 행오(行伍: 고대의 군사편제, 25명을 한 行伍로 했음)로 편성하고 있다. 행오는 수사제독이 시험을 맡고, 총독과 함께 선발한 후 수도에 보내어 시험을 치러 연해지구의 수사(水師)에 배치하여 기예를 익히게 해야 한다.
>
> 수사장관(水師將官)은 반드시 선박공장, 화기국(火器局) 출신이어야 한다. 그렇지 않으면 최소한 조타수나 수

12) 魏源, 海國圖志 籌海篇 三, 「議戰」; 李雲飛, 「試論淸末敎育改革的特點」, 75쪽, 再引用

> 부, 포수 출신으로 해야 한다. 그리고 조정에서 거기에 주의를 돌린다는 것을 천하 사람들이 알게 해야 한다. 장인(匠人)이나 조타수를 기병이나 사수 아래로 보지 말아야 그들이 분발하여 공명을 다투게 할 수 있으며, 재능과 좋은 기능을 가진 자들이 그 속에서 나올 것이다.[13]

위원(魏源)은 앞의 글을 통해 전통의 과거제도를 비판하고, 해방(海防)건설의 필요로부터 출발해서, 무과(武科)에 「수사일과(水師一科)」를 증설해야 한다고 주장하였다. 또 그는 당시의 제국주의 열강들이 배를 통해 중국을 침략한다는 것을 간파하고, 군사교육에서 해군교육의 필요성을 역설하였다.

1894년 청일전쟁에서 중국이 또 일본에 패하게 되었다. 이에 따라 교육구국의 외침이 여기저기서 터져 나왔다. 당시 장건(張謇)은 교육으로써 나라를 구해야한다고 주장하면서 전통의 소수인이 받는 교육을 바꾸어 국민교육을 보급해야 한다고 역설하였다. 그는 일본의 예를 들어 국민교육의 중요성을 강조하였다. 즉 일본은 교육을 보급함으로써 민중이 애국을 알도록 했으며, 병사를 훈련시킬 수 있었다는 것이다.

13) 魏源, 海國圖志 籌海篇 三, 「議戰」; 李雲飛, 「試論淸末敎育改革的特點」, 75쪽, 再引用

구망도존(救亡圖存)으로 종지(宗旨)를 삼는 무술유신은 강유위와 양계초가 교육개혁을 구국과 긴밀히 연계시킨 것이다. 이때 강유위와 양계초를 대표로 하는 진보적인 지식인들은 인재의 결핍이 국가위망의 근원이라고 여기고, 교육을 고칠 것을 주장하였다. 이와 관련해서 양계초는 다음과 같이 말하였다.

> 세계의 형세를 혼란으로부터 평화로운 데로 나아가게 하는 승패의 근원은 힘보다 지혜에 있는 만큼 오늘날 강하게 되려면 민지(民智)를 개발하는 것이 가장 중요하다.[14)]

> 중국이 쇠약해진 것은 교육이 잘되지 못한 탓이다. (중략) 망한 것을 존재하게 하고, 못쓰게 된 것을 일으켜 세우며, 우매한 것을 지혜롭게 하고, 약한 것을 강하게 하는 여러 가지 일의 근본은 학교이다.[15)]

당시 양계초는 급진적인 변화보다 점진적인 변화를 주장하였다. 바로 인재배양을 통해 점점 중국을 개혁하고, 변화시키자는 뜻을 가지고 있었다. 이것은 다른 말로 하면

14) 夏曉虹, 梁啓超文選 上册, 20쪽
15) 夏曉虹, 梁啓超文選 上册, 25쪽

교육구국을 의미한다. 양계초가 교육구국의 관점에서 제시한 교육관련 주장들은 매우 다양하다.

우선 양계초는 전민교육을 주장하였다. 그는 모든 사람이 교육을 받을 권리가 있다고 주장하였다.

양계초는 마관조약(馬關條約)이 체결된 후 열강이 통상에서부터 출발하여 이제는 국토까지도 나누어 가지려는 상황에 이르는 등 식민주의의 침략 마수가 도처에 퍼져있음을 한탄하였다. 그리고 이런 약육강식의 시대에 생존하려면 반드시 군중들의 힘을 모아야만 한다고 보았다. 그런데 군중의 힘을 모으려면 그 군중이 아는 것이 있어야 한다고 보았다. 그래서 양계초는 전민교육을 제창하고, 무수한 영웅을 만들 것을 주장하였다.

그는 한걸음 더 나아가 청일전쟁은 바로 가장 좋은 거울이라고 하고, 전쟁의 결과는 정부가 평시에 교육발전을 원하지 않았던 것이 반영된 것이라고 하였다. 그는 시무보(時務報)에 교육을 혁신할 것을 호소하는 글을 발표하고, 사람들이 모두 교육을 받을 권리가 있다는 교육평등론을 제창하였다. 그는 학교를 설치하여 교육을 보급하면, 민력(民力)과 민지(民智)를 개발할 수 있고, 이를 통해 중국의 문명을 높여 강국으로 자립할 수 있다고 보았다. 결국 의무교육, 국민교육을 주장한 것이라고 할 수 있는데, 이렇게 양계초가 교육을 보급할 것을 주장한 것은 교육을 통해서

양이(攘夷)할 수 있다고 믿었기 때문이었다.

그는 다음과 같은 예를 들었다.

> 토끼그물을 놓는 야인(野人)도 방패를 막을 수 있고, 조그만 병기를 든 여인도 분노한 임금을 대적할 수 있으며, 소를 파는 장사꾼도 적의 군사를 퇴각시킬 수 있다. 수레바퀴를 깎는 목수도 천하를 다스리는 일을 말할 수 있고, 여론을 듣고 패자(覇者)를 정할 수 있으며, 향교(鄕校)의 의논을 수집하면 정치를 들을 수 있다.[16)]

이런 관점은 바로 그의 의무교육론과 국민교육론의 사상 근거가 된다.

그는 의무교육을 통하여 나라를 위험에서 구해내고자 했다. 양계초는 특히 독일이 교주만(膠州灣)을 점령한 후 외적을 물리치지 않으면 중국은 없다는 생각을 더욱 통감하게 되었다. 그가 보기에 당시의 물리쳐야 할 대상은 중국보다 선진인 유럽열강이었다. 그리고 이러한 열강을 물리치는 길은 교육을 통해서 인재를 기르는 것이라고 보았다.[17)] 그러면 양계초는 어떠한 교육내용을 가지고 인재를 기르고자 했는가? 구체적인 내용들은 뒷장 양계초의 교육

16) 舒新城, 中國近代敎育史資料 下册, 人民敎育出版社, 1985, 934쪽

17) 中國近代敎育史資料, 下册, 937쪽

론을 다루는 부분에서 논의가 이루어질 것이므로 여기서는 간략히 그의 대강만을 언급하기로 하겠다.

양계초는 새로운 교육의 내용을 서학(西學)에서 찾고자 했다. 그는 서학(西學) 속에 자강할 수 있고, 구국할 수 있는 내용이 있다고 보았다. 그는 서학은 병법이나 기예뿐만 아니라 다른 학문도 배울만한 것이 많다고 생각했다. 그러나 그는 본래 중학(中學)을 상당히 중시하는 입장이었기 때문에 서학을 받아들이는 경우에도 중학의 입장에서 고려하는 사고를 취했다.

그가 주장하는 소위 "중서의통(中西之通)"은 서학을 통한 중학으로써, 문화교류의 방식을 통해 서양의 학술문화를 흡수하는 것이었다. 그는 다음과 같이 말하고 있다.

> 시국이 변하는 이때 많은 나라의 서적을 읽지 않고서는 한 나라의 서적에도 정통할 수 없다.[18)]

이 뜻을 해석해 보면 단지 각 나라의 서적을 읽음으로써만이 세계대세에 밝을 수 있고, 비로소 중국서적의 실용가치를 잴 수 있다는 것이다. 그리고 이것이 바로 "중학"이 "서학"을 통한다는 함의이다.

무술변법(戊戌變法) 전후 양계초가 시무학당(時務學堂)에

---

18) 中國近代敎育史資料 下册, 44쪽

서 교습할 때 개설한 교육과정 속에는 서학의 분량이 상당이 많았다. 약 39종의 서양서가 교육과정 속에 포함되어 있었는데, 이 책들에 대해 양계초는 학생들이 끝까지 세심하게 읽을 것을 요구하였다. 또 그는 중국의 청소년들이 다윈 등 서양의 저명한 과학자들의 학설을 열심히 학습할 것을 장려하였다.

양계초는 서학(西學)을 받아들임에 있어서 주체적이 될 것을 강조하였다. 따라서 그는 서양문화를 해석할 때에도 유가적인 선험의식을 가지고 해석을 하였다. 예를 들어 민주, 자유, 평등, 문화 등과 같은 서양문화의 개념을 유가사상에 입각해 해석을 해나갔다. 즉 민주를 해석할 때에 국민을 귀히 여긴다는 "민위귀(民爲貴)"나 "천하위공(天下爲公)"으로 설명한 것 등이 그것이다.[19)]

양계초는 서양의 신학문을 골자로 하는 교육이 민족의 과제를 해결할 수 있는 힘이 되기 위해서는 그것을 받쳐주고 이끄는 정신이 필요함을 느끼고 있었다. 이 정신을 제시한 것이 일명 "중국혼(中國魂)"이라고 불리는 "신민(新民)"사상으로서 양계초가 쓴 「신민설」에 제시되어 있다.

양계초는 나라를 구하고 자강하기 위한 교육에서 가장 중요한 요소가 중국혼 바로 신민이라고 생각했던 것이다. 양계초가 말한 "신민"은 국가가 있는 곳에는 언제나 있기

19) 毛以亨, 梁啓超, 宋恒龍 譯, 35쪽

마련인 그 국가의 "혼"이나 "정신"을 가진 국민을 의미하는 것이었다. 이 신민은 "새로운 공민"을 의미한다고 할 수 있는데[20] 국가위기를 구하기 위해서는 교육이 이와 같은 "새로운 공민"을 양성해야 한다고 보았다.

3. 중국혼으로서의 신민

국혼(國魂)은 나라의 정신이며, 기상이라고 할 수 있다. 양계초는 중국에 국혼을 가진 국민이 필요하다고 보았다. 즉 국혼을 가진 새로운 국민이 필요하다고 보았는데 이것이 바로 "신민"[21]이다. 왜 이런 신민을 주장하게 되었는가? 이미 앞에서도 부분적으로는 언급이 되었지만 나라를 구하기 위해서이다.

청나라 말엽 중국은 열강의 침입을 받았으나 저항할 방법이 없었다. 그래서 양계초는 열강의 민족주의에 저항하고자 민족의 정신력을 쇄신시킬 필요성을 느끼었고, 이에 따라 신민설을 내어 놓았다.

20) 張灝, 梁啓超與中國思想的過渡(1890-1907), 江蘇人民出版社, 1993, 107쪽
21) "신민"은 유가경전 「대학」상의 중요한 개념의 하나이다. 「대학」에 보면 이 개념은 儒家經世의 핵심을 포함하고 있으며, 도덕수양과 사람에 대한 혁신사상으로 자리 잡고 있다.

양계초는 중국의 지리가 다른 나라와 비교해도 차이가 없는데 왜 외국의 침략을 받아야 하느냐는 생각을 가지고 있었다. 그는 이것이 민족성의 낙후 때문이라고 보고 그가 내린 결론은 국가를 부강시키고, 번영시키자면 신민의 도를 말하지 않고는 안 된다는 것이었다.[22] 결국 양계초의 신민설은 중국에서 반식민지, 반봉건 사회가 최종 형성될 때 새로운 구국의 길로써 제시된 것이다.

양계초는 민족의 특성은 장점과 단점을 지니고 있다고 보고, 신민에 대해서 다음과 같이 말하고 있다.

> 백성을 새롭게 한다는 것은 즉 신민을 만든다는 것은 우리 백성들이 가지고 있는 것을 다 버리고 남을 따른다는 것이 아니다. 새롭다는 뜻은 첫째, 본래 있던 것을 비판하여 새롭게 하는 것, 둘째, 본래 없던 것을 새롭게 보충하는 것인데 두 가지 중에서 한 가지라도 없어서는 안 된다.[23]

이 내용을 보면 본래의 특성을 잘 발휘해서 자기의 장점을 발휘하기를 바라고 있다. 그리고 다른 나라 민족의 장점을 취해서 자기 민족의 단점을 보완해 주기를 바라고 있

22) 夏曉虹, 梁启超文選, 上册, 103쪽
23) 夏曉虹, 梁启超文選 上册, 107쪽

다. 그리고 이런 것을 통해 비로소 시대에 적응할 수 있다는 것이다. 다시 그는 신민에 대해서 다음과 같이 말하고 있다.

> 신민이란 (중략) 새롭게 된 사람, 즉 오민(五民)을 말한다. 맹자는 "그대가 힘써 행하면 그대의 나라를 새롭게 할 수 있을 것이다."라고 하였는데 그것은 자체로 새롭게 한다는 뜻이며, 백성을 새롭게 한다는 뜻이다.[24)]

그렇다면 양계초는 신민이 갖추어야 할 인격적 특성을 무엇으로 보았는가?

양계초는 물경천역[25)], 적자생존(物競天擇, 適者生存)의 사회경쟁에 따라서 한 민족의 우세, 한 국가의 강성은 국민수준의 높고 낮음에 영향을 받는다고 여긴다. 이러한 관점에서 본다면 국민성은 민족의 전도와 국가의 면모를 결정한다. 중국이 서양열강의 침략을 받은 것도 근본적으로는 민족의 소양이 낮기 때문이라고 본다. 낙후한 민족은 강성한 국가를 건립할 방법이 없고 또 세계 각 민족의 경쟁과정에서 승리한다는 것은 불가능하다. 따라서 양계초는 우선 중국인의 결점과 부족한 점을 찾아내어 이를 토대로 나

24) 夏曉虹, 梁啓超文選 上册, 105쪽

25) 생존경쟁과 자연도태

라를 구할 수 있는, 즉 국혼을 함양한 새로운 국민을 만들어 내고자 하였다. 양계초가 새로운 국민, 즉 신민으로서 갖추어야 할 덕목으로 제시한 내용들은 다음과 같다.[26)]

1) 공덕(公德)

공덕은 군체(群體), 즉 집단과 국가의 이익을 지키는 것을 말한다. 양계초는 사람들이 공덕이 있는 것이 기타 동물과 가장 구별되는 부분이라고 보았다. 사람은 민족을 조직할 수 있고, 국가를 건립할 수 있는데, 그 관건이 되는 것은 공덕이다. 그래서 양계초는 공덕자(公德者)는 군체(群體)의 영혼이고, 국가의 원기라고 보았다. 양계초는 또 이 공덕은 하나의 역사개념으로서 서로 다른 시기에 서로 다른 내용, 표준이 있다고 하였다. 그는 "원시사회에는 원시사회의 공덕이 있었고, 봉건사회, 자본주의 사회에도 그 사회에 맞는 공덕이 있다. 공덕은 또 지역의 제한을 받는다. 민족의 습관, 각국의 전통과 중심임무가 다르면 공덕도 다르다. 그러나 어떠한 변화가 있어도 그 핵심은 군(群)과 국(國)을 이롭게 하는 것이고, 군체의 이익을 위하여 공헌하여야 한다."고 역설하였다. 20세기의 중국은 이 원칙에 근

---

26) 이에 대한 소개는 李喜所, 元青이 지은 「梁启超傳」(1994)에 비교적 충실히 제시되어 있다.

거하여 중국인의 공덕관을 확립하여 사람들이 민족과 국가를 위하여 헌신할 수 있도록 해야 한다고 강조하였다.

2) 국가사상

양계초는 국가사상을 네 가지로 설명하고 있다.

첫째, 한 사람에게는 나라가 있다는 것 즉 한 사람의 언행은 나라의 진보와 발전에 유리해야 한다는 것, 둘째, 나라를 사랑하는 각도에서 조정을 사랑할 것. 조정은 하나의 회사나 가정과 같아서 그 조정이 훌륭하면 사랑하고, 나쁘면 반항할 것, 셋째, 외족(外族)을 상대해서도 나라가 있다는 것, 즉 외족이 침입하면 결사적으로 항거하고 민족과 나라를 위해서는 일체를 희생할 것, 넷째, 세계에 대해서도 국가가 있다는 것을 알 것, 이것은 세계 각국이 경쟁하는 각도로부터 조국이 경쟁에서 이기도록 생각하며 세계의 여러 민족 가운데 어엿이 설수 있도록 해야 한다는 것을 의미한다. 이 네 가지를 양계초는 국가사상이 있는 것으로 보았고, 이 네 가지가 있어야 일부 사람들이 "천하는 알지만 국가가 있다는 것은 모르고", "자기만 알고 나라가 있는 줄을 모르는" 잘못된 경향을 극복할 수 있다고 보았다.

3) 진취 모험정신

양계초는 진취 모험정신은 사회와 인류의 문명을 발전시키는 동력이라고 여겼다. 그는 "모험정신이 있어야 살 수 있으며, 모험정신이 없으면 죽는다. 나라도 역시 모험정신이 있어야 생존하고, 이 정신이 없으면 망한다."고 하였다. 유럽과 미국이 근대화를 향해 맹렬히 나가는 것은 진취 모험정신이 있기 때문이며, 중국이 명나라와 청나라 이후 계속적으로 낙오를 하는 것은 그 근원이 바로 진취 모험정신이 없기 때문이라고 보았다. 그러면서 모험은 성공의 어머니라고 주장하였다.

그러면 진취 모험정신이 왜 이렇게 거대한 위력을 발휘하는가?

양계초는 진취 모험정신이 있으면 첫째, 희망이 생기고, 둘째, 정열이 생기며, 셋째, 지혜가 생기고, 넷째, 담력이 생긴다. 이 네 가지는 상호 호응하고 촉진하면서 무궁한 원동력을 낳으면서 그 위력을 발휘하고 그것이 결국은 사업의 성공을 돕는다고 보았다.

양계초는 청나라 말기의 중국인에게 이런 사업의 성패를 결정하는 진취 모험정신이 부족하다고 보고 이 방면의 능력을 키울 것을 특히 제창하였다.

4) 권리사상

양계초의 뜻은 천부인권을 관철해서 사람들로 하여금 자신의 권리를 알고, 자신의 권리를 쟁취하고 보호할 수 있도록 해야 한다는 것이다. 천부인권의 이론에 따르면 각 개인은 모두 특유의 권리를 가지고 있다. 양계초는 이런 권리를 충분히 발휘하고 보장을 받아야만 사회 또한 평등하게 발전할 수 있다고 보았다. 양계초는 또 개인의 권리는 개인의 능력에 따라 결정되어야 한다고 주장하고, 서로 다른 지혜에 따라 높고 낮음을 나누고, 강약에 따라 정도를 나누어야 한다고 보았다. 양계초는 "권력은 어디에서 생기는가? 강한데서 생긴다."고 하고, 중국인에 대해서 말하기를 "이런 권리를 향유하려면 개개 국민은 자기의 권리를 인정하고, 쟁취할 수 있어야 한다. 조정 혹은 국가는 반드시 국민의 권리를 승인하고, 그 권리를 보호해야만 한다. 이렇게 해야만 국가도 흥성하고, 국민 또한 부유하고 만족할 수 있다"고 주장하였다. 양계초는 또 권리를 이해하지 못하는 국민은 단지 노예가 될 뿐이라고 말하고, 따라서 중화(中華)를 진흥시키고 싶으면 권리사상을 보급해야 한다고 강력히 주장하였다.

5) 자유사상

양계초는 신국민으로 반드시 구비해야만 하는 것으로 자유사상을 들었는데 이것은 그의 기본적인 생각이다. 그는 「논자유(論自由)」에서 말하기를 "자유는 천하의 공리(公理)요, 인생이 갖추어야 할 바이니 적용되지 않는 곳이 없다. 구미의 자유발달사를 보면 그 요구는 네 가지를 벗어나지 않는다. 첫째는 정치상의 자유, 둘째는 종교의 자유, 셋째는 민족의 자유, 넷째는 생계의 자유(즉, 일본에서 말하는 이른바 경제의 자유)"라고 하고 청나라 말기 이 4대 자유가 모두 결핍되어 있기 때문에 중국인이 자유를 쟁취하는 임무는 대단히 절박하다고 보았다. 그러나 양계초가 먼저 쟁취하고자 하는 자유는 개인의 자유가 아니고 민족의 자유, 국가의 자유, 단체의 자유였다. 그는 단체의 자유가 없으면 개인의 자유도 존재할 수 없다고 보았다. 그래서 개인의 자유에 대한 원칙은 단체의 자유를 위반하지 않고, 타인의 자유를 침해하지 않는 것이었다. 이와 함께 개인이 반드시 자유를 쟁취할 용기, 자유를 위해서 분투할 결심이 있어야 한다고 보았다. 그렇지 않으면 개인의 자유도 얻지 못할 뿐만 아니라, 단체의 자유도 있을 수 없다고 보았다. 따라서 양계초는 노예주의를 극력 비판하였다. 그는 이와 관련하여 "첫째, 고인(故人)들의 노예가 되지 말 것, 둘째,

세속의 노예가 되지 말 것, 셋째, 환경의 노예가 되지 말 것, 넷째, 정욕의 노예가 되지 말 것"을 호소하였다.

6) 자치사상

양계초는 국가자치, 지방자치를 주장하였는데 이것은 법으로써 나라를 다스릴 것을 주장한 것이다. 이를 위해 먼저 요구되는 것으로 그는 국민이 반드시 법을 알고, 법에 의하여야 하며, 자치사상과 자치능력이 있어야한다고 보았다. 그래서 양계초의 자치는 국민자치능력의 배양과 제고를 포함하고 있는데, 다시 말해서 국민에 대해서 민권, 자유, 평등, 법제 등의 방면에 대한 교육을 진행하는 것을 의미하고 있다. 그는 중국인의 자치능력에 대해서 연구한 적이 있는데 이 과정에서 국민이 자치할 능력이 없는 원인으로 다섯 가지를 찾아내었다. 그 다섯 가지는 첫째, 경쟁이 결핍되어 있고, 둘째, 교통이 불편하며, 셋째, 오래된 문자를 갱신하지 않았고, 넷째, 전제정치가 국민성을 나쁘게 만들었고, 다섯째, 사상의 자유와 학술의 자유가 없었다는 점이었다. 이런 원인은 부정확할 수도 있으나 양계초가 국민성을 개조하고, 중국인의 자치능력을 배양하고자 하는 소망을 반영하고 있다.

7) 자존

양계초는 자존은 인도주의의 불가결한 덕(德)이라고 보았다. 따라서 개인이 자존이 있어야 비로소 자애, 자강, 생기가 있고, 국가도 자존, 자애하는 국민이 있어야 비로소 국가의 자존을 지킬 수 있다고 보았다. 청나라 말기 양계초는 곳곳에 산재한 노예주의를 개조하기 위하여 국민들이 자존을 가질 것을 호소하였다.

8) 합군(合群)

이것은 단결력과 조직력을 가리키는 말이다. 물경천택(物競天擇), 사회진화의 관념으로부터 출발하여 양계초는 단지 합군(合群)하는 민족만이 세계를 향하여 날아오를 수 있으며, 중국이 자립하고, 세계를 향하고자 하면 반드시 응집력과 단결력을 증강시켜야 한다고 여겼다. 이런 단결은 당연히 전제적인 힘에 의한 복종적인 것이 아니고, 규칙, 법률, 민의, 질서가 있고, 도덕을 말하는 단결이 되어야 한다고 주장하였다. 그래서 양계초의 합군(合群)은 자유, 독립, 평등, 박애 등 민주권리를 쟁취하는 합군이다. 그는 전제국가에서는 그 원기가 위력에 있고, 입헌국가에서는 그 원기가 명예에 있으며, 공화제 국가에서는 그 원기가 도덕에 있다고 하였다. 장래 중국의 신국민은 헌법, 공화, 민권을 이해하고, 이런 것을 기초로 단결하는 힘을 가져야 한다고 주장하였다.

9) 의력(毅力)

의력(毅力)은 굳센 의지나 기백을 의미한다.

목표를 확정한 후에 의력은 성공여부의 관건이 될 수 있다. 양계초는 뜻도 기력도 재간도 의지할 것이 못되지만 굳센 의지만은 의지할 수 있는 것으로 보았다. 또 그는 목표나 사업이 크면 클수록 그 성공은 더 어렵다고 보고, 이때 의력이 대단히 중요하다고 보았다. 이에 따라 양계초는 의력을 배양하는 것을 국민성을 개조하는 중요한 하나의 관건으로 보았다.

10) 의무사상

양계초는 "의무와 권리는 대치되는 것이다. 사람이 태어나서 마땅히 가져야 할 권리는 사람마다 태어나서 다해야 할 의무이다. 그러므로 양자는 균등하다. 문명화하는 세상에서 의무 없는 권리가 있을 수 없고 권리 없는 의무가 있을 수 없다"고 하였다. 그의 이런 관점은 변증법적인 사상을 가지고 있다. 사람들이 의무를 다하지 않으면 국가는 설 방법이 없고, 국가가 서지 못하면 국민의 권리도 없다. 권리를 향유하려면 의무를 다해야 한다는 뜻을 담고 있는 것이다. 양계초는 신국민은 반드시 이러한 원칙을 알아야 한다는 것을 강조하였다.

11) 상무정신

아편전쟁 이후 중국은 제국주의 열강의 침략 하에서 적지 않은 고통을 겪었다. 이러한 와중에 20세기 초 중국사상계에 상무주의 사조가 일어나기 시작하였다. 많은 사람들이 군대를 중시하고, 군인을 존중하며, 신체를 튼튼하게 하는 것에 관심을 갖게 되었다.

양계초도 상무정신을 제창하고, 국민이 심력(心力)을 강하게 하고, 담력을 증대시키며, 몸과 정신을 강하게 할 것을 주장하였다. 그는 "4억만이 합쳐도 완비한 체격은 갖추지 못하고 있다. 아아, 그 사람들이 모두 다 병자들이니 그 나라가 어찌 병든 나라가 아니겠는가? 이래서야 사나운 독수리와 같은 민족과 부딪히면 마치 난쟁이가 거인과 싸우는 격이니 적이 아무런 무기도 없지만 한번 손을 내 휘두르면 난쟁이는 넘어질 것이다. 아아, 생존경쟁은 우승열패(優勝劣敗)이니, 바라건대 나의 동포들은 체력을 단련하고,

용기와 역량을 키워 꼼짝 못하고 당하는 일이 없도록 해야 할 것이다."라고 말하였다. 양계초의 상무는 국민의 체력을 증강시키는 것을 함께 포함하고 있다.

12) 자아수양

양계초는 자아수양을 "사덕(私德)"이라고 칭했다. 그는 개인의 자아수양이 좋지 못하면 집단이 자립할 방법이 없고, 민족의 사덕이 높지 않으면 세계민족 속에서 자립하는 것은 불가능하다고 보았다. 양계초는 사덕을 식량과 비교해서 잠시도 벗어날 수 없는 것이라고 하였다. 그는 중국인의 자아수양이 높지 않은데 이것은 정치적, 사회적 원인도 있고, 문화적, 전통적 인소(因素)도 있다고 보았다. 그는 사덕을 높이기 위해서 중국인이 지켜야 할 도덕표준을 만들어 제시하고, 신민은 이러한 사덕을 가지고 있어야 한다고 주장하였다.

앞에서 신민(新民)이 갖추어야 할 덕목 12가지를 살펴보았다. 이들 내용을 보면 모두가 국민성을 개조하는 것과 관련이 있는 것들이다. 양계초는 당시 가장 큰 민족적 과제로써 새로운 공민의 양성을 생각했다. 왜냐하면 현재의 국민성을 가지고는 자강 구국하기가 어렵다고 여겼기 때문이다. 그리고 교육이 이러한 새로운 국민, 즉 신민을 길러내야 한다고 생각하였고, 이 신민은 국혼[27]을 가진 국민으로써 국가를 구하고, 새로운 세계를 창조해 나가야 할 것이라고 보았다.

27) 양계초는 「中國魂安在乎」, 「中國的弱溯源論」, 「中國的武士道自敍」 등에서 국혼과 관련이 있는 내용들을 예를 들어 제시하고 있다.

CHAPTER 4

양계초의 인재교육론

1. 교육의 종지

2. 민지(民智)의 개발과 인재의 육성

1. 교육의 종지(宗旨)

1) 교육종지(宗旨)의 의미

종지(宗旨)는 근본이 되는 중요한 뜻을 의미하며, 근본원칙을 말하는 것이다. 양계초는 모든 일을 할 때는 정확한 계획과 목표를 세워 추진해야 함을 일찍부터 깨닫고 있었다. 따라서 그는 모든 일은 반드시 표준이 있어야 하고, 이 표준에 따라서 행하여야 한다고 하였다.[1] 이것이 바로 종지를 나타낸 말이라고 할 수 있다. 양계초는 말하기를

> 종지(宗旨)가 없으면, 밭갈이해도 소용없고, 공부를 해도 소용이 없으며, 싸움을 해도 소용이 없다. 세상만사가 다 그러한데 교육도 그 하나이다.[2]

1) 鄭登云, 中國近代教育史, 華東師範大學出版社, 1994, 149쪽

2) 飮氷室文集全編 二册, 廣益書局, 1948, 138쪽

라고 하였다. 양계초는 또 교육은 그 효과가 장래에 있는 것이지 당장 눈앞에서 효과를 볼 수 없다고 보았다.

> 다른 일에 종지가 없으면 얼렁뚱땅 넘길 수 있지만, 교육에 종지가 없으면 추호의 성취도 있을 수 없다. 왜 그러한가? 종지는 장래의 핵(核)이다. 오늘 그 핵을 심지 않으면 후일에 뿌리가 나고, 싹, 줄기, 대와 잎, 열매가 있으리라고 기대할 수 없는 일이다.[3)]

이것은 바로 교육의 특징이 주기성이 비교적 길고, 수확이 비교적 늦으며 그래서 반드시 멀고 길게 내다보는 종지가 있어야 한다는 점을 강조한 것이라고 할 수 있다. 또 교육문제는 절대로 왔다 갔다 해서는 안 된다는 점을 지적하고, 이렇게 흔들리지 않으려면 교육이 종지를 가지고 있어야 한다는 점도 강조한 것이다. 그러나 양계초는 교육은 반드시 정확한 종지를 확정하되 "승관발재(升官發財)"[4)]로 교육의 종지를 삼는 것은 반대하였고, 또 양무교육의 종지도 반대하였다.[5)]

3) 同上

4) 관에 오르거나, 재물을 취득하는 것

5) 양계초는 京師同文館, 上海廣方言館도 단지 노예의 智, 즉 "養漢奸之才"를 양성할 뿐이라고 여겼다. 그는 또 洋務學堂은 格致, 물리, 지리, 역사, 정치, 理財 등의 과정을 개설하고 있다. 그러나 그것은 단지 학과의 진보에 불과할 뿐이지 양무교육의 종지를 나타낸 것은 아니라고 보았다.

그러면 양계초가 주장한 교육의 종지는 무엇인가? 그는 다음과 같이 말하고 있다.

> 특색 있는 국민을 양성해야 한다. 집단이 여러 나라 속에서 자립하게 하려면 한 사람의 재능과 지혜만으로는 불가능하다.[6)]

여기서 "특색 있는 국민의 양성"이 바로 양계초가 주장하는 교육의 종지라고 볼 수 있다. 그리고 그는 이런 특색 있는 국민의 양성은 유아 때부터 시작해야 한다고 보았다. 그는 특히 영국의 교육제도에 깊은 관심을 가지고 찬양했는데 그것은 영국의 교육이 지향하는 종지인 덕육, 지육, 체육이 양계초가 생각하는 바와 비슷해서가 아니었나 생각된다.

2) 교육종지의 내용

그러면 양계초가 생각한 교육종지의 내용은 무엇인가? 양계초는 이에 대해 「논교육당정논지(論教育當定論旨)」에서도 분명한 언급을 하지 않고 있다. 그러나 다음과 같은 그의 주장들을 통해서 교육종지의 내용을 파악할 수 있다.

---

6) 飮氷室文集全編 二册, 140쪽

양계초는 당시의 학교교육이 신학문의 영향을 받아서 지식면에만 편중되어 있고, 품격의 수양은 무시하고 있다고 보았다. 따라서 그는 학교가 지식을 판매하는 잡화점이라고 신랄히 비판하였다. 이와 관련해 그는 다음과 같이 말하고 있다.

현재 중국의 학교는 지식을 팔아먹는 잡화점이나 다름이 없다. 문(文), 철(哲), 공(工), 상(商)에 각기 사장이 있다. 일반적으로 배우겠다고 오는 사람들은 고객이 되는 것이다. 구미에서도 이 병을 앓고 있는데 그러나 병의 깊이나 얕음이 약간 다르다. 나는 이것이 오래되면 반드시 좋지 못한 현상이 나타나리라고 여긴다. 현재 중국의 정치적 부패가 20여년 전 교육이 불량했던 결과가 아니겠는가? 20년 전의 교육이란 전적으로 일본, 독일의 군대식 교육을 채용한 것인데 그것도 수박 겉핥기였으니 결과적으로는 오늘과 같이 능동성이 없는 사람들을 만든 것이다. 지금은 교육이 완전히 바뀌어 일본, 독일식 교육 대신 미국식이 성행하고 있는데 몇 해 안가서 미국화할 것이라고 단언한다. 미국식 교육은 일본, 독일식 교육보다 좋지만 결함이 너무 많아 우리가 이상적으로 여기는 목표는 아니다. 영국인 루소가 귀국한 뒤 중국의 문화를 매우 칭찬하였다. (중략) 미국인들이 민첩한 것은 그들의 장점이다. 하지만 중국 사람들이 설사 그들의 장점을 가져온다고 하더라도 순수한 동방의 미국으로 될 가능성은 없다. (중략) 나는 그렇게 되기를 바라지 않는다. 가령 정말 그렇게 된다면 루소가 말한 바가 있는 것인데 특질(特質)이 있는 민족을 희극화하는 것이 될 것이다. 향후의 세계가 미국식 교육으로 능히 해결될 영역이 아님을 우리는 똑똑히 알고 있다. (중략) 그렇다면 우리가 비록 학교에서 서양의 것을 배워야 하겠지만 취사선택은 있어야 할 것이다. 가령 좋고 나쁨을 가리지 않고 무조건 받아들인다면 남이 짐새(鴆)[7]의 깃을 담근 독주를 마신다고 자신도 독주를 따라 마신다면 그렇게 가소로운 일은 없을 것이다. (중략) 지금의 학교들은 대부분 지식면에 치중하고 여타의 것은 소홀히 하고 있다. 대학이든 중학이든 소학이든 물론하고, 모두 지식의 증가에 노력하고 있다. 그러나 지식이 늘었는지는 모르겠으나 그것은 또 다른 문제이고, 여기서는 운운할 문제가 아니다. 여하간 지금의 학교는 지식을 팔아먹는 장소라는 것만은 틀림이 없다. 많은 교원들이 외국으로부터 돌아왔는데 지식을 가득 가지고 와서 팔고 있다. 학생들이 교실에서 지식을 약간이라도 사면 그런 학생은 좋은 학생이라고 한다. 그러나 학문은 지식 한 가지에만 있을까? 지식이외의 것은 중요하지 않은가? 공자께서 말씀하셨다. "지(智), 인(仁), 용(勇)

---

7) 광동성에 사는 독조(毒鳥)로 그 깃이 담긴 술을 마시면 죽는다고 함.

3가지가 있으면 천하의 덕에 이른 것이다." 또 말하기를 "인자(仁者)는 혹하지 않고, 용감한 자(勇者)는 무서워하지 않는다." 또 "배우기를 즐겨하여 깨닫는 데 가까워지고, 힘써 노력하여 인에 가까워지며, 부끄러운 것을 알면 용감한 데 가까워진다."

이것은 지, 인, 용 3자를 다 같이 중요시한 것이다. 비단 중국의 옛 성현들만 그랬던 것이 아니라 서양학자들도 그랬다. 이른바 인격을 수양하고, 신체를 단련하는 것은 어느 나라도 경시하지 못하였다.

현재 중국의 교육은 말이 아니다. 본래 있던 정신은 없어지고, 서양의 정신은 아직 얻지 못한데다가, 정치가 불량하고, 학교에는 생기가 없으니 지식조차 팔 수 없다. 하여 새로운 학풍을 창조할 필요를 더욱 느끼게 된다.[8)]

양계초의 앞의 말은 당시의 학교교육이 안고 있던 문제를 신랄히 비판하고 교육이 지식만을 팔아먹는 것이 아니라, 다른 면도 중시해야 한다는 점을 강조한 것이다.

중국의 고대 교육은 원래 삼육병중(三育竝重), 덕술겸수(德術兼修), 문무합일(文武合一)의 교육이었다. 그러나 당시 외국제도의 유입 이후 중국의 교육에 고유한 정신도 존재하지 않게 되었을 뿐 아니라, 받아들인 것도 외국제도의

8) 鄭世興, 梁啓超教育思想, 60-61쪽

겉껍질만 받아들였다. 따라서 서양교육의 근본정신도 정확히 취득한 상황이 아니었다. 이러한 상황 하에서 양계초는 지, 인, 용(智, 仁, 勇) 3자를 더불어 중시하는 교육을 강력히 주장하였다.

결국 양계초가 주장한 교육의 종지는 지, 인, 용(智, 仁, 勇)이라고 볼 수 있으며, 교육에서는 이런 지, 인, 용(智, 仁, 勇) 세 방면이 전면적으로 발달된 인간의 양성을 목표로 하고 있음을 알 수 있다. 이는 지, 덕, 체의 전면발달을 목표로 하는 현대의 교육사상과도 상통하고 있다.

2. 민지(民智)의 계발과 인재의 육성

양계초는 공거상서(公車上書)[9]를 올리면서 개혁운동이 실패하는 이유가 제도의 개선에만 있는 것이 아니라는 것을 깨닫게 되었다. 그는 과거의 변법(變法)이 병사를 기르거나, 광산을 열거나, 통상하는 데에 중점을 두었다고 보고 이러한 것은 변법의 본질이 아니라고 보았다. 양계초는 이와 관련해서 다음과 같이 말하고 있다.

9) 중국 청대 강유위가 회시(會試) 응시생 1,300여 명에게 서명을 받아 황제에게 올린 상서를 말한다.

> 한 마디로 말하면 변법의 근본은 인재육성에 있고, 인재의 흥성은 학교를 세우는 데 있으며, 학교의 설립은 과거제를 고치는 데 있는데 모든 것을 이룩하려면 관제(官制)를 고쳐야 한다.[10]

이 말은 결국 변법의 근본을 인재육성에서 찾고 있으며, 이를 위해서는 학교를 세우고, 과거를 폐지해야함을 주장하고 있다. 또 양계초는 다음과 같이 말하여 인재육성만이 아니라 민지의 계발도 중요함을 역설하고 있다.

> 「춘추(春秋)」3세의 역사사실을 들어보니 난세(亂世)에는 힘으로 이기고, 승평세(升平世)에는 지혜와 힘으로 이기고, 태평세(太平世)에는 지혜로 이겼다. 세상이 깨기 시작해서 짐승의 발자국이 중국에 들어오고부터 금수의 폐해가 가실 줄을 몰랐으며, 굴을 파고 둥지를 틀어 서로 억제하고 보전하였는데 이것은 힘이 강함을 뜻한다. 사람들이 비록 나약하였으나 깃털의 장식도 없고, 이빨과 발톱으로 방어하였지만 마침내는 범 같은 것을 잡을 수 있었으며, 낙타나 코끼리 같은 것을 부렸으니 그것은 지혜로웠기 때문이다. 수천 년에 걸쳐 몽고족과 회회족(回回族)의 후예들은 노략질을 공(功)으로 삼고, 도살을 즐거

10) 夏曉虹, 梁啓超文選 上册, 15쪽

> 움으로 여러 나라들을 수차 유린하면서 세상을 통일하였는데 그것은 힘이 강하기 때문이었다. 최근 백년간 구라파의 여러 나라들 가운데 코카서스인들이 무기로 이웃나라를 멸하고 통상으로 지반을 넓힘으로써 온 지구의 십중팔구가 그 관할구역으로 되었는데, 그것은 지혜가 강했기 때문이었다. 세계는 난세(亂世)로부터 평화 세계로 나아가기 마련인데 본래 이기는 원인이던 힘을 고쳐 지혜를 대체한다. 그런 즉 오늘 강하게 되려면 백성의 지혜를 개발하는 것이 가장 중요하다.[11)]

여기서 보면 그는 난세에는 힘으로써 이기고, 태평세(太平世)에는 지(智)로써 이긴다고 보았으며, 세계의 운명은 난에서 평(平)으로 달려간다고 보았다. 따라서 중국이 자강하려면 민지를 열어야 하는 것이 가장 중요한 일의 하나로 보았다.

양계초는 학교교육을 크게 두 가지 범주로 나누어 제시하였는데, 하나는 국민교육이고, 다른 하나는 인재교육이다.

> 학교교육은 크게 두 가지로 나눈다. 하나는 일반교육으로써 일정수준 이상의 지능(智能)을 갖추게 하는 것이고, 다른 하나는 고등인재를 교육하여 나라와 사회의 동량으

11) 夏曉虹, 梁啓超文選 上册, 19-20쪽

로 되게 하는 것이다.[12)]

이를 보면 일반국민에게 일정수준 이상의 지능에 도달하게 하는 것은 국민교육, 즉 민지의 계발에 해당하고, 고등인재를 교육시켜 국가 사회의 근간이 되게 하는 것은 인재교육 즉 인재양성에 해당되는 것임을 알 수 있다. 그리고 이러한 관점은 양계초의 교육방면에 대한 하나의 출발점이기도 하며, 민지의 계발과 인재육성을 통하여 국가의 자강과 구국을 달성하고자 하는 중요한 목적을 가지고 있기도 하다.

1) 민지의 계발

양계초는 민지가 계발되려면 우선 관념의 개혁이 이루어져야 한다고 보았다. 그는 "조종(祖宗)의 법(法)은 변할 수 없다."는 생각이 사람들의 마음속에 깊이 심어져 있기 때문에 민지가 미개할 수밖에 없다고 지적하였다. 따라서 그는 변법은 교육을 통한 민지의 계발이 먼저 이루어져야 가능하다고 보아 그것을 교육목적의 중요한 조성부분으로 삼았다.

그는 국민의 지혜가 깨이지 못한 까닭은 결국 역대의 우

12) 政府大政方針宣言書; 鄭世興, 梁啓超敎育思想, 105쪽

민정책의 결과라고 보았다. 그래서 그는 우민정책으로서의 당시의 과거제를 비판하였다. 이와 관련해서 양계초는 "사람마다 과거제를 통하여 다투어 공명을 얻으려 하는데, 팔고취사(八股取士)의 과거제도하에서는 사인(士人)들이 단지 첩괄(帖括)[13], 묵의(墨義)만 알아서 무력하다. 게다가 과거 준비 때문에 학술연구에 종사할 여가가 없다. 따라서 재능의 발전이 저하되고, 사상적 자유의 속박 속에서 지식수준이 자연히 저하되었다"고 하여 민지의 계발을 위해서는 과거제도의 개혁이 필요함을 역설하고 있다. 또한 그는 국가의 국민을 사, 농, 공, 상, 병(士, 農, 工, 商, 兵)의 다섯 종류로 나누어 그 문제를 지적하고 있다.

> 국민은 사, 농, 공, 상, 병(士, 農, 工, 商, 兵) 다섯 가지로 나눈다. 사(士)는 배우는 사람들을 가리킨다. 사람은 배우기 마련이다. 농업에는 농업의 사(士)가 있고, 공업에는 공업의 사(士)가 있으며, 군대에는 군대의 사(士)가 있다. 중국의 농업에는 농업의 사(士가) 없어서 미국은 해마다 농산물 가치가 3천1백조 량(兩), 러시아는 2천2백

13) 帖括은 옛날, 과거 시험의 첩괄. 첩시(帖試)를 말함. 당대(唐代)에 과거 시험의 응시자가 많아져 시험관이 난어구(難語句)를 출제하므로 수험자들이 경서의 난어구를 뽑아 모아 노래와 같이 만들어 기억하기 좋게 만든 것 (https://wikilanguages.net/dic/chinese-korean.php?q=%E5%B8%96%E6%8B%AC)

조, 프랑스는 1천8백조지만 중국은 그것이 안 된다. 중국의 공업에는 공업의 사(士)가 없다. 미국은 해마다 새로운 공업기술을 개발하여 관청에 보고하고, 증서를 타는 경우가 2만2천여 가지, 프랑스는 7천여 가지, 영국은 6천9백여 가지지만 중국에서는 그런 것을 들어보지 못하였다. 중국의 상업에도 사(士)가 없다. 영국의 상업 가치는 2천7백40조, 독일은 1천2백96조, 프랑스는 1천1백76조가 되지만 중국은 2백17조밖에 안 된다. 중국은 군대에서도 사(士)를 양성하지 않고 있다. 그래서 작년에 수사군(水師軍)의 전함이 96척인데 하나도 없는 것과 같았다. 관련이 있는 방어병들이 3백여 영(營)이라지만 병사가 하나도 없는 것과 같았다. 지금 사, 농, 공, 상, 병(士, 農, 工, 兵)의 이름은 있으나 유명무실하니 그 폐해가 이 정도에 이르렀다. 사(士)로써 사(士)에 힘쓰지 않으니 천여 명의 첩괄(帖括), 권절(卷折), 고거(考据), 사장(詞章)을 한다는 자들이 역대의 이야기에 대해서는 눈을 뜨고도 보지 않는다. 또 세계 형세에 대해서도 들은 것이 없다. 그런 그들과 천하의 일을 함께 하려고 관직을 맡기고, 새로운 정치, 즉 신정(新政)을 하며, 외적을 막으려 해서야 될 수 있겠는가?[14)]

14) 夏曉虹, 梁啓超文選 上册, 21-22쪽

양계초는 위의 글을 통하여 서양국가의 각 방면에 종사하는 국민들은 모두 상당한 지식을 가지고 각자의 직업에 종사하고 있어 국력이 증가하고 있다고 보았다. 그러나 중국에서는 사(士)의 계층을 제외하고는 지식수준이 너무 낮고, 또 중국에서의 사(士)는 국제정세는 전혀 모르는 "사이불사(士而不士)"라고 지적하였다. 이는 양계초가 지식계층뿐만 아니라, 일반국민의 지식수준도 전반적으로 제고해야 함을 강조한 것이다.

특히 양계초는 여성의 지(智)를 계발하는 것을 중시하였다. 그는 여자의 문화소양의 수준이 한 민족의 풍모를 결정할 수 있다고 보았다. 그의 논리에 따르면 여자는 국민의 어머니이고, 부녀는 아이를 가르치고, 집을 돌보며, 후대에 영향을 미친다. 여자의 지력이 높지 않으면 민족의 기질도 저하된다. 그래서 여자의 지(智)를 계발하는 것은 어떤 일보다도 중요하다고 보았다.[15] 이것은 당시 인식이 미미했던 여성교육의 필요성을 강조한 것이다.

한편 그는 자강의 방법을 도모하기 위하여 병사를 훈련시키고, 광산을 열며, 통상을 강구해야 한다고 보았는데, 여기에도 마땅히 민지의 계발이 필요하다고 보았다. 그리고 이를 위해서는 관련되는 학교를 세울 것을 주장하였다.

15) 李喜所, 元靑, 梁啓超傳, 85쪽

오늘 변법을 말할라치면 대체로 군사훈련, 광산개발, 통상 등인데 물론 그것들도 포함된다. 그러나 장수가 학교를 나오지 않고, 병법을 알 수 있는가? 군인을 선발할 때 의사를 쓰지 않고 임의대로 모집한다면 태반이 유민, 걸객들일 터인데 그들의 건강여부와 식자여부를 따지지 않는다면 명령을 집행할 수 있겠는가? 장수들의 봉급이 형편없고, 군량이 극히 적은데다가 몸을 다친 상이군인을 종신토록 돌보아주지 않고, 사망자 가족을 고려해주지 못하고서야 그들의 죽음에 보람이 있겠는가? 배움의 길이 막혀 어려운 것을 터득할 길이 없고서야 어찌 적을 이길 수 있겠는가? 자체적으로 전함을 제조하지 못하고, 남에게 의뢰한다면 뜻대로 되겠는가? 해군이 다른 나라에 가지 못하고, 관병이 풍파에 익숙하지 못한데 일단 적을 만나면 능히 공을 세울 수 있겠는가? 그것은 마치 군사훈련을 시키지 않는 것과 같다. 광무학당(礦務學堂)이 진흥하지 못하고, 교원들이 모자라 많은 돈을 주고 서양인들을 초빙하나 아직 그들을 믿을 수 없다. 그들이 지리에 능하겠는가? 기기(機器)도 갖추지 않고, 화학분석에도 정통하지 못하니 재료를 버리지 않을 수 있겠는가? 도로가 개통되지 않았으니 광산지역으로부터 해안지역으로 운반하려면 그 운반요금이 원가의 몇 배가 될 수 있다. 그러니 그것에 이익이 있겠는가? 그렇다면 차라리 광산을 개발하지 않는 것이 좋을 것이다. 상무학당(商務學堂)을 세우지 않는다면 무역의 도리를 아는 자가 적을 것이니 능히 부유해질 수 있겠는가? 공예를 진흥하지 못하여 제조업을 강의하지 않고, 토산물 판매시장이 얼마 되지 않으니 이익을 볼 수 있겠는가? 길이 막히고, 운반료가 막대하니 널리 팔 수 있겠는가? 가는 곳마다 억류하고, 체류시키면서 뼈와 살을 긁어내는 것이 호랑이 같으니 장사를 권장할 수 있는가? 영사(領事)는 외국의 상무를 보고하지 않고, 국가에서는 외국에 사는 상인들을 보호하지 않으니 그들이 자립할 수 있겠는가? 이래서야 어찌 통상한다고 하겠는가? 좀 깬 자들은 신정(新政)을 하려면 학교를 일으켜 세워야 한다고 하는데 근본을 아는 말이라고 하겠다. 그러나 스승이 강의하지 않고, 교습(教習, 청나라 때의 선생)이 부족한데 어떻게 인재를 육성할 수 있겠는가? 과거제를 고치지 않는다면 총명한 선비들이 모두 다 첩괄(帖括)이나 외워 부귀를 도모하려고 딴 길을 택할 것인데 그에 억지로 응해도 되는가? 관제를 고치지 않으면 배운 것이 쓸모없어, 한가로이 보낼 것이다. 이에 따라 앞에서 말한 해외유학생처럼 될 것이니 뛰어난 재능을 가졌더라도 안심할 수 있겠는가? 성(省), 부(府), 주(州), 현(縣)에다가 학교를 세우려 하는데 학교를 설립하고, 학교에 들어가 배우는 여러 가지 일들은 유사(有司, 관리, 벼슬아치)가 책임져야 하는데 오늘의 관리들이 원만히 감당해 낼 수 있겠는가? 그렇게 안 되면 학교를 설립하지

> 않는 것만 못하다. 그 외에 여러 가지 사무, 예컨대 철도, 기선, 은행, 우정, 농업사무, 제조 등이 다 그러하다. 일마다 인과가 있게 되는데 만사가 다 하나의 근본으로부터 생긴다. 머리를 잡지 않고, 밑동만 잡으면 실이 헝클어지듯 하니 백가지 일을 틀어잡는다고 하여도 효과는 없는 것이다.[16)]

이와 같이 양계초가 민지의 계발을 강조한 배경은 크게 두 가지이다.

첫째는 힘보다 지(智)의 중요성 때문이다. 양계초는 엄복(嚴復)[17)]에 의해 소개되었던 진화론 사상의 영향을 받아서 3세설(三世說)[18)]을 중시했다.

양계초는 역사의 각 발전단계는 각각 그 사회를 움직이는 주동원리가 다르다고 보았다. 그런데 현대는 3세(三世) 중에서 제2단계인 승평세(升平世)에 해당한다고 보았으므로 이미 승패의 관건은 힘(力)보다 지(智)로 옮겨진다[19)]고

16) 夏曉虹, 梁啓超文選 上册, 13-14쪽

17) 중국의 근대계몽사상가, 푸단대학 총장, 경사대학장 총장 등을 지냈다.

18) 3세설은 이미 공자가 춘추(春秋)에서 역사발전의 이론으로 거론하였던 것이다. 그것이 강유위(康有爲)에 의해서 진보적 발전사관으로서 받아들여져 변법사상의 토대를 형성하였다. 양계초도 역시 이것을 계승한 것이다. 3세설에 따르면 역사는 據亂世, 升平世, 太平世의 3단계로 발전한다는 것이다. 강유위는 공자이래 청말까지를 일괄하여 據亂世로 보고 있으나, 양계초는 秦이래의 통일군주제를 升平世로 보고 다가올 세대를 太平世로 보고 있다.

19) 夏曉虹, 梁啓超文選, 19-20쪽

생각하였다. 둘째는 중국의 국민적 통일을 위해서 국민의 정치적 권리인 민권의 중요성을 인식했기 때문이다. 양계초는 민(民)에게 권(權)이 없다면 민(民)은 국가를 공유하다는 것을 알지 못하여 지배층과 멀어진다고 하였다. 그러나 민에게 권(權)이 있다면 국가를 국가로 만들고, 지배층과 서로 친해지게 된다고 하였다.[20)]

그는 또 다음과 같이 말하였다.

> 금일 민권을 세우려면 백성들의 지식을 넓히는 것이 가장 중요하다. (중략) 지식이 있으면 그 만큼 권리가 있고, 지식이 6~7개 있으면 권리도 6~7개, 지식이 10개 있으면, 10개의 권리가 있게 된다.[21)]

양계초는 지혜를 날로 발전시킨다면 권리 또한 날로 진전된다고 하였다. 양계초는 이 글을 통해 민권과 민지의 관계를 명확하게 제시하였는데, 이는 민권의 신장을 위하여 민지의 계발을 주장하고 있는 것이라고 볼 수 있다.

---

20) 戊戌變法(二), 上陳寶箴書論湖南應辦之事, 551쪽

21) 戊戌變法(二), 上陳寶箴書論湖南應辦之事, 551쪽

2) 인재의 육성

앞에서도 언급했지만 민지의 계발은 보통교육이라고 할 수 있고, 인재의 육성은 전문교육이라고 할 수 있다. 즉 전자는 전 국민의 지식수준을 제고시키는데 목적이 있다면 후자는 신정(新政)을 추진할 전문 인재를 양성하는 데 있다.

인재양성에 대한 노력은 이미 양무운동 시기에 신 학교제도 수립 논의와 더불어 전개되었다. 즉, 양무시기의 교육은 "양무적 기술 관료의 양성"이라는 목적에 따라 학당설립과 해외유학의 두 방면에서 이루어졌고, 특히 학당의 설립은 서문학습학당(西文學習學堂)과 서예학습학당(西藝學習學堂)의 설립이 위주였다. 그러나 당시의 신식학당은 나름대로의 의의에도 불구하고 양무운동 자체에 대한 부정적 의견과 함께 상당한 비판을 받게 되었다. 즉 당시는 서학에서 받아들일 수 있는 것은 병예(兵藝)에 지나지 않는다고 생각하였으므로 그 이상의 것을 기대할 수 없는 한계를 지니고 있었다. 이러한 철저한 중체서용론적(中體西用論的) 입장에 대해서 양계초는 병예(兵藝)는 일종의 유형유질(有形有質)의 학문이고, 이런 학문은 무형무질(無形無質)의 학문이 그 기초가 되어 있어야만 한다고 주장하였다. 즉 산학(算學), 전기학, 화학 등과 같이 기초학문이 필요하다는 것이다. 더욱이 정학(政學)이야말로 서학의 근본이기 때문에 서학을 배우는데 있어서는 단지 겉만을 학습하는 것이 아니라, 그 근본을 배워야 한다고 주장하였다.[22] 이를 통해서 양계초는 서학을 배우는 데 있어서 병예 등의 학문만이 아니라, 가장 중요한 것으로 정치 관련 학문을 배우는 것이라고 생각하였음을 알 수 있다.

양계초는 서학을 배우는 목적이 경세치용(經世致用)을 하는데 있으므로 본국의 정치 연혁의 득실과 풍토, 민정(民情)에 대해서 이해해야만 한다고 보았다. 그러므로 서학을 제외하고 중학(中學)만 말한다면, 그 중학은 쓸모가 없으며, 중학을 제외하고 서학만 말한다면 그 서학은 근본이 없다고 하였다. 결국 양계초는 중학도 서학도 어느 하나가 결여되지 않은[23] 중학과 서학에 모두 능통한 인재를 육성하는 것이 바람직하다고 보았다.

양무시기 인재양성의 문제점은 대체로 교사 및 전문성 부족, 교과서 부족, 당시의 과거 지향적 관념 등에 의한 저조한 성과 등이 거론되었다. 특히 신식학당 졸업생에 대한 발탁이 이루어지지 않아 사인층(士人層)의 호응이 적다는 점이 지적되었다.[24] 양계초는 개혁의 필요에 따라 각 방면의 서법(西法)에 두루 능통한 인재가 급히 필요하지만 그렇

22) 陳學恂, 中國近代敎育史敎學參考資料, 上册, 人民敎育出版社, 1993, 493-500쪽
23) 不中不西卽中卽西
24) 장의식, 청말의 교육개혁에 관한 고찰, 「史叢」 30, 1986, 274쪽

다고 외국인을 임용하는 것에 대해서는 반대하였다. 그 이유에 대해서 그는 외국인은 본국의 이익을 도모할 뿐 중국의 부강을 바라지 않으므로 장차 중국의 신정(新政) 추진을 잘못된 방향으로 유도한다고 보았다. 그리고 진정 중국에 유리한 것은 과거개혁, 학교설립, 관제개혁(官制改革), 농사장려, 상무(商務) 등인데 외국인들은 이러한 근본대계에는 관심을 두지 않는다고 하고, 본국 출신의 인재를 등용할 것을 강조하였다.[25]

이러한 비판은 사범학당 설립, 교과서 편찬, 학당의 전문성 부여 등의 문제를 개혁의 주요사항으로 등장시키게 하였다. 특히, 비체계적이고, 부분적이 아닌 전국적 규모의 체계적인 신학교 체계를 수립하고, 신 학제에서 과거 합격의 학위를 수여함으로써 그 성과를 제고하고자 하는 개혁안을 대두시키게 하였다.[26] 이는 중국의 전통적 교육제도 및 신식학당에 대한 비판의식, 서학에 대한 인식의 확대, 서양 및 일본의 교육제도에 대한 새로운 인식을 배경으로 하였던 것이라고 볼 수 있다. 따라서 이를 통하여 양무시기와 변법시기의 인재양성의 내용이 크게 다름을 알 수 있다.

그런데 여기서 한 가지 검토하고 넘어가야 할 것이 있다. 당시 양계초가 그린 인재의 모습이다. 그는 자강과 구

25) 夏曉虹, 梁啓超文選, 17-18쪽

26) 장의식, 청말의 과거제 폐지과정연구, 「역사학보」 103, 1984, 173-215쪽 참고

국을 위해서 민족주의 관점에서 인재양성을 주장했다. 그러면 그가 주장한 인재는 어떤 종류, 어떤 특성을 가진 인재인가?

서학과 중학에 능통해서 현실의 문제 즉 신정(新政) 문제를 해결해 줄 수 있는 인재를 말하는가? 이 문제는 양계초의 중국 국민성에 대한 비평으로부터 그 해답을 찾을 수가 있을 것 같다.

양계초는 중국이 약한 원인을 1차적으로 국민들의 나약한 생활태도와 국가의식의 박약함에서 찾고 있다. 다음으로 역대 통치자의 정책이 전적으로 국민을 우롱하고 농간하는 목적에서 출발된 것이어서 민권이 신장될 기회가 없었음을 이유로 들고 있다.[27] 따라서 양계초는 인재가 투철한 국가의식을 가지는 것은 기본이고, 이런 의식이 성숙되기 위해서는 먼저 인재의 자아수양이 필요하다고 보았다. 그렇게 되려면 인재는 반드시 입지(立志), 희망, 의력(毅力), 자신감 등의 심리요소를 가져야 한다고 보았다.[28] 이러한 인재의 심리요소들은 보편적인 각도에서 제시된 것이지만 당시의 국가상황을 고려한 덕목이라고 볼 수 있다. 양계초가 제시한 인재의 심리요소들은 실제상 인재성장의 내재요소이다. 즉 인재발전 과정 중의 자아의지 통제력을 의미

27) 夏曉虹, 梁啓超文選, 64-90쪽 全文參考

28) 李必勝, 梁啓超人才思想評述, 「安徽史學」 3期, 1991, 74쪽

한다. 따라서 성숙한 인재로 성장하려면 실제의 단련과정, 즉 실천과정을 거쳐야 한다. 실천과정은 양계초 인재사상의 중요한 조성부분이다.[29)]

결국 양계초가 말한 인재는 특수한 목적으로서의 "신민"과 동일한 의미를 갖는다고 볼 수 있다. 왜냐하면 "신민"은 인재의 내재요소와 실제의 단련과정을 모두 거친 인재를 말하는 것이기 때문이다.

29) 李必勝, 梁启超人才思想評述, 74-75쪽

CHAPTER 5

양계초의 자강과 구국을 위한 교육개혁론

1. 과거제의 개혁과 신 학교제도의 추구
2. 민지를 계발하는 보통교육
3. 전문교육

양계초는 교육의 목적을 국민의 지식수준을 높이는 민지의 계발과 신정(新政)을 추진해 나갈 전문 인재를 양성하는 데 두었다. 이러한 목적의 실현을 위해 구체적 개혁안으로써 과거제의 개혁뿐만 아니라, 보통교육의 실시, 전문교육의 실시 등을 주장하였다.

양계초는 국가의 강약은 국민의 지식수준에 따라 결정된다고 생각하였다. 따라서 오직 국민들의 지식수준을 높일 때만이 비로소 국가가 부강해진다고 주장하였다. 그는 초등교육을 실시하고 우민(愚民)을 가르치는 것이 지금의 중국을 구하는 제일 중요한 방법이라고 보았다. 초등교육을 실시한다는 것은 아동에 대한 교육이고, 우민(愚民)을 가르친다는 것은 비교적 지식수준이 낮은 군중에 대한 교육을 의미한다. 따라서 이것은 그가 전 국민을 교육의 대상으로 삼고자한 그의 교육에 대한 태도를 반영하는 것이다. 그리고 여기에 여성교육도 포함되는데 당시에는 여성에 대한 교육이 아직 중시되지 않았던 시기인 것을 감안해 볼 때 상당히 선구적인 주장이었다고 할 수 있다.

한편 양계초는 교육은 마땅히 아래에서 위로 행해져야 한다고 보았다. 따라서 반드시 먼저 초등교육을 보급하고, 그 다음에 중등교육, 고등교육을 보급할 것을 주장하였다. 특히 그는 갑자기 대학당(大學堂)을 설립할 것이 아니라, 북경에서부터 각 성(省), 부(府), 주(州), 현(縣)에 이르기까지 반드시 소학당(小學堂)부터 설립하기 시작해야 한다고 주장하였다.[1] 이는 비록 그가 광서(光緖) 24년에 경사대학당장정(京師大學堂章程)을 계획했으나, 앞의 주장으로 보아 고등교육보다는 초등교육의 실시가 급선무임을 지적한 것이라고 할 수 있다. 이것은 또 교육의 단계적 발달과정을 고려한 것이라고 볼 수 있다.

당시 중국의 상황은 많은 전문인재가 필요했다. 따라서 양계초는 재목이 될 만한 사람으로서 학문에 상당한 기초가 있는 자를 골라, 적당한 기회를 주어, 국가가 급히 필요로 하는 인재를 육성하는 것도 중요하다고 보았다. 즉 전체적인 국민교육의 실시와 더불어 전문지식인에 대한 교육도 중시한 것이다. 그리고 이러한 과거의 개혁, 보통교육과 전문교육의 실시 등은 모두 자강과 구국을 목적으로 하고 있음은 앞에서 밝힌바와 같다. 아래에서는 양계초의 교육론을 과거제 문제, 보통교육 문제, 전문교육 문제의 세 부분으로 나누어 좀 더 자세히 검토해 보기로 하겠다.

1) 陳學恂, 中國近代敎育文選, 人民敎育出版社, 1993, 144쪽

1. 과거제의 개혁과 신 학교제도의 추구

1) 과거제의 개혁

과거제는 중국에서 1300여 년간이나 중국의 정치, 사회, 문화면에서 중요한 역할을 수행했던 정통의 관리등용제였다. 이러한 과거제에 대해서 양계초는 근본적으로 나쁜 감정을 가지고 있지는 않았고, 어떤 면에서는 과거제를 이상적인 제도로써 인식하기까지 한 것으로 보인다.[2] 따라서 양계초는 과거 자체보다는 과거내용 즉 팔고취사(八股取士)를 문제 삼았다.

이것은 양계초의 다음과 같은 주장을 보면 알 수 있다.

그는 과거제도는 본래 국가를 위해 공헌할 인재를 선발하는데 있어서 가장 이상적인 제도였다고 본다. 그러나 후에 변화하여 팔고취사에 빠짐으로써 일종의 우민정책으로 전락하고 말았다고 주장한다.

팔고취사는 사인(士人)이 시부(詩賦), 해법(楷法)[3], 첩경(帖經), 묵의(墨義)에 중점을 두는 선발방식이라고 할 수 있

2) 양계초는 「論科擧」라는 글에서 "과거는 평민으로 하여금 정치에 참여할 수 있는 기회가 되었고, 과거급제와 함께 계급도 바뀌게 한다. 이같이 이상적인 제도는 일찍이 본 적이 없다. 다만, 좋지 못한 시기에 사용되어 쉽게 악습이 조성되었을 뿐이다."라고 주장하고 있다. 이를 통해 보면 양계초가 과거제도에 대해 가지고 있는 기본인식이 어떤지를 알 수 있다.

3) 해서(楷書)의 필법

다. 이럴 경우 사인(士人)들은 독서를 통하여 여러 가지 지식이나 도리를 융합하고, 파악하는 노력이 필요 없게 된다. 단지 시부(詩賦), 해법(楷法), 첩경(帖經), 묵의(墨義)에 대한 공부만 하면 되는 것이다. 양계초는 이러한 방식으로는 진정한 인재를 선발할 수 있겠는가 하고 한탄하였다. 더욱이 타고난 자질이 뛰어난 사람들이 공명(功名)을 얻기 위하여 기타 학문의 연구를 저버리고 팔고문만을 학습한다면,[4] 이것은 기타 학문을 연구할 여가도 능력도 없게 함으로써 재지(才智)의 발전을 제한한다고 보았다. 그리고 팔고(八股)의 테두리에 머물러 있음으로써 사상의 자유를 속박당한다고 보았다.

뿐만 아니라 양계초는 팔고취사(八股取士)로 임용된 관리들의 실무능력에 대해서도 문제를 제기하고 있다. 그는 사인(士人)들은 단지 팔고(八股)[5]만을 학습함으로써 정학(政學)의 근본에 대해서 잘 모르고 있다고 보았다. 그들은 일단 고시만 통과하면 권위를 받고 직권을 맡게 되지만 어떻게 착수해야 할지 몰라 권한을 모두 하급 벼슬아치에게 맡겼으므로 폐단이 생겨난다고 보았다. 이와 같이 그가 팔고취사에 반대했던 이유는 그러한 과거에서 배출되는 인재

4) 양계초는 「論變法不知本原之害」라는 글에서 이 문제를 개탄하고 있다.
科擧不改, 聰明之士, 皆務習帖括, 以取富貴, 趨舍異路, 能育才乎?

5) 制藝라고도 하는데, 과거시험에 쓰이는 특수한 문제를 말한다.

는 팔고문에나 능통한 인재였기 때문에, 실제 문제에 대응하는 능력에 있어서 상당한 문제가 있다고 보았기 때문이다.[6] 따라서 앞에서도 언급했지만 그가 문제를 삼은 것도 과거제 자체가 아니라 "팔고취사의 과거제"였다고 할 수 있다. 이러한 폐단을 극복하기 위하여 양계초는 팔고, 첩괄[7]을 중심으로 시험하던 것을 변화시켜, 그것을 책론(策論)[8]으로 대체하고, 덧붙여 시험과목에 서학(西學)을 포함시켜야 한다고 주장하였다.

2) 삼책(三策)

과거의 개혁방안에 있어서 팔고취사의 폐지문제와 더불어 신학교제도의 수립 또한 중요한 문제였다. 신학교제도의 수립은 궁극적으로 과거제의 폐지와 관련지어지는데, 당시는 전통적 교육제도와 유교이념이 지배적인 상황이었다. 따라서 새로운 학교제도의 수립은 학교제도와 과거제를 연결시키는 절충적 개혁방안으로 대두되었다. 그것은 학교를 설립하여 학생을 입학 교육시킨 후 그 졸업생을 시험해 공명(功名)을 수여하는 방안이었다. 예를 들면 강유위

6) 夏曉虹, 梁啓超文選, 13-15쪽
7) 경서의 문장에 군데군데 종이를 붙여 문자를 가려놓고, 이 가려진 문자를 알아내는 정도에 따라 학력을 시험하는 방법
8) 陳學恂, 中國近代敎育文選, 139-141쪽

는 행정구역별로 예학서원(藝學書院)을 설립하고, 그 졸업생을 시험하여 공명(功名)을 주자고 하였다. 이것은 바로 과거(科擧)의 예과(藝科)를 예학서원과 연결, 통합시키고자 한 것이다. 이러한 과거와 학당의 통합방안을 가장 잘 이론화한 사람은 양계초였다.[9)]

양계초의 과거와 신학교의 전면적인 통합구상은 1896년 「시무보(時務報)」에 연재한 「변법통의(變法通議)」에서 제시되었다. 그는 학교제도가 완비된 이상적인 형태를 서양에서 찾고 이를 삼책(三策)에 연결시켜 현실개혁의 모형으로 삼고자 하였다.

양계초의 개혁구상의 또 하나의 기반은 동문관(同文館) 등의 기존 신식학당에 대한 비판의식이었다. 양계초는 신식학당이 널리 확대되기 위해서는 관신계급(官紳階級), 즉 독서인(讀書人)이 먼저 그것에 적극적으로 참여해야 한다고 보았다. 그런데 그가 보기에 기존의 신식학당은 관리등용과 결합되지 않았으므로 결국 우수한 자제들은 과거를 치르기를 희망하고, 신식학당에는 재주 없는 자들이 입학하였다.[10)] 따라서 양계초는 이런 문제를 해결하고 새로운 학교를 장려하기 위해서는 학당졸업생에게 그 단계에 따라서 과거출신자와 동등한 자격을 부여하는 것이 필요하

9) 장의식, 「청말의 과거제 폐지과정연구」, 34쪽

10) 夏曉虹, 梁啓超文選 上册, 13쪽

다고 보았다. 더욱이 근본적으로 과거제도를 단번에 폐지하는 것이 불가능한 만큼 신식학당과 과거제도를 하나로 통합하는 방법을 모색하였던 것이다.

양계초는 이와 관련하여 삼책(三策)[11]을 제시하였다. 삼책에는 상책, 중책, 하책이 있는데, 상책에서는 학교에 과거를 합치는 내용을 담고 있으며, 학당에서 공부한 자와 과거에 합격한 자의 직급문제 그리고 학교에서 공부한 자의 임용문제 등을 담고 있다.

> 상책(上冊)이란? 멀리로는 3대(三代)를 본받고, 가까이로는 서방의 것을 받아들여 과거(科擧)를 학교에 적응시켜야 한다. 경사(京師), 즉 수도로부터 주, 현에 이르기까지 차례로 대학, 소학을 세우고, 천하의 인재들을 모아 가르친 후 활용해야 한다.
>
> 소학교 입학생은 제생(諸生)으로, 대학 입학생은 거인(擧人)으로, 대학을 마친 사람을 진사(進士)로 비유할 수 있다. 그 가운데에서 우수한 자를 외국에 보내어 학습시키는 것을 서길사(庶吉士)[12]에 비할 수 있다. 그 나머지를 내외의 호(戶), 형(刑), 공(工), 상(商) 각 부(部)에 등

11) 양계초는 上策은 三代의 制, 中策은 漢, 唐의 制, 下策은 宋, 元의 遺라 하고, 上을 취하면 强, 中을 취하면 安, 下를 취하면 存할 수 있다고 하였다.

12) 중국 명청시대 한림원 내의 단기직위로서 진사중에서 적당한 사람을 선발한다. 한림원에서 학습하다가 관직에 오를 수 있는 기회가 주어진다.

용시키면 부(部)나 조(曹)의 직과 같다. 서길사가 외국유학 3년만에 학업을 마치고 귀국하면 편검(編檢)[13]의 직을 주어야 한다.

학생들에게도 정해진 과목이 있어서 일정한 규율에 따라 시험을 보게 해야 한다. 재학 4년에 총시험을 치르게 하는데 선생들은 시험관으로 하되 한도를 제한하지 말아야 하며, 되는대로 이름을 적어 넣지 않도록 해야 한다. 명(明) 이래로 선비를 뽑는 격식과 법이 천년을 내려와 그 폐단이 누적되었다. 일단 그 법을 고친다면 천하의 선비들이 단번에 몰릴 것이고, 8년 뒤면 인재가 조정에 가득 차게 될 것이다.[14]

중책은 한, 당대(漢, 唐代)의 취사제도(取士制度)를 모방한 것으로 많은 과목을 설정해야 한다는 것을 제시하고 있다. 중책에 대해서 양계초는 다음과 같이 말하고 있다.

중책(中策)이란? 오랜 습관을 빨리 고치지 않으면 선비를 뽑는 격식이 다 고쳐지지 않는다. 과거시험을 보는 학교들이 뜻대로 안 되면 한나라, 당나라 때의 법대로 여러

13) 명청시대 사관에 편집, 교정하는 업무담당자를 말한다.

14) 陳學恂, 中國近代教育文選, 139쪽

과를 설치하여 오늘의 첩괄(帖括)과 병행시킬 수 있다. 옛 임금 고종은 박학(博學)과 홍사(鴻詞)를 설치하여 영준한 인재들을 망라시키고, 후진을 격려하였으므로 조정의 인재들이 강희(康熙), 건륭(乾隆) 두 대에 가장 성하였다. 이것은 여러 가지를 하기보다 한 가지에 전념하는 것이 낫다는 것을 말하려는 것이다. 지금 전대(前代)의 제도를 두루 받아들여 명경(明經) 한 과를 설치하여 교지(敎旨)를 창달하고, 대체적인 뜻을 천명하여 오늘의 신정(新政)을 기준으로 하여 옛 경전과 부합되게 하는 자를 합격시킨다. 산술과도 중국과 외국의 산술에 능통하고, 그 이치를 응용하여 그 법칙을 밝히는 자를 합격시킨다. 문자과도 중외의 언어나 문자에 능통하여 서로 다른 언어를 번역할 수 있으면 합격시킨다. 법과는 중국과 외국의 형법을 잘 알고, 적당하게 사용할 수 있는 자를 합격시킨다. 외교과는 각국의 공법과 조약, 장정(章程)에 능통하고, 언변이 좋은 자를 합격시킨다. 통례과(通禮科)는 「황조삼통(皇朝三通)」, 「대청회전(大淸會典)」, 「대청통례(大淸通禮)」와 국가의 고사(故事)를 알면 합격시킨다. 기예과(技藝科)는 사물의 이치와 제조 원리를 알고, 새로운 기술과 기계를 만들 수 있는 자를 합격시킨다. 학구과(學究科)는 학동(學童)들을 가르치는 법을 아는 자를 합격시킨다. 의과는 인체학과 세계 각국의 처방법을 알고, 중국과 서방의 병명을 알고 고칠 수 있는 자를 합격시킨다.

병법과는 훈련과정을 알고, 천하의 요충지를 알며, 선박, 기계제조법을 아는 자를 합격시킨다. 그들을 선택하는 방법은 강희와 건륭 년간의 이야기를 시키거나 특별한 시험 예를 들면, 근세의 수학 관련 거인(擧人)을 시켜 성(省)별로 시험을 치르게 하고, 출신을 밝혀 영예를 빛내도록 하며, 한림(翰林), 진사(進士), 거인(擧人)의 명예를 주어(중략)[15]

위의 내용을 보면 중책은 기존 과거의 과목을 증설하는 것이 골자임을 알 수 있다.

하책은 서학(西學)시험을 부가함으로써 기존 과거시험의 내용을 개정하고자 한 것으로써 이 하책에 대해 양계초는 다음과 같이 말하고 있다.

하책(下策)이란? 현재의 선비를 뽑는 방법을 취하되 조금 다르게 하는 것이다. 동자시(童子試)에서는 경서나 고문을 읽지 않은 자들을 합격시키지 못한다. 경서, 고문과는 중외의 정치득실과 시무요사(時務要事), 산법, 자연과학 등 예학(藝學)을 쳐야한다. 향회시(鄕會試)는 반드시 3단계 시험을 거쳐야 한다. 첫 시험에서는 사서문(四書文), 오경문(五經文), 시첩(試帖)을 각기 한 편씩 써야 하

15) 陳學恂, 中國近代教育文選, 139-140쪽

> 고, 두 번째 시험에서는 중국과 외국의 역사를 3편씩 쓰되 역대 세계의 치난존망(治亂存亡)의 이야기를 써야 한다. 세 번째 시험에서는 천문산법(天文算法), 지리, 성학(聲學)과 광학(光學), 화학과 전기, 농학과 광학(礦學), 상업과 군대 등 전문 과목 가운데서 각자 한 과목씩 골라 시험을 치되 3편을 써야 한다. 어전시험은 한책(漢策)과 현량(賢良)들의 이야기에 근거하여 전문적으로 당시의 시무를 묻는데, 책자(策者)는 격식과 해서법(楷書法)에 구애받지 않는다. 역시(亦試)도 시험을 치르되 시무예학(時務藝學)과 자연과학을 각기 한편씩, 격식에 구애 없이 어전시험과 같이 치른다. 팔고문(八股文)을 전공하여 팔운(八韻)을 지은 자는 반드시 그 본래의 것을 좀 버리고 실학에 종사해야 인재가 지난날 보다 흥성해질 것이다.[16]

이상의 양계초가 제시한 삼책(三策)의 내용을 종합해 보면 대략 과거제 개편의 방향을 알 수 있다.

첫째는 장차 과거와 학교가 합쳐져서 학생들은 학교에서 시험을 치르고, 대학을 졸업하면 진사와 동등하게 대해주고, 유학생들은 귀국 후에 서길사(庶吉士)[17]의 자격으로 임용하는 것이다. 둘째는 과거에 많은 과목을 두는 것이다.

---

16) 陳學恂, 中國近代教育文選, 140쪽

17) 과거 翰林院의 관명

즉 팔고체문에 국한되지 않는 것이다. 셋째는 서학을 포함한 실학방면의 것을 시험내용으로 하는 것이다. 이를 통해 양계초의 과거제도의 변혁에 대한 주장 및 학교교육과의 통합에 대한 그의 관점을 파악할 수 있다.

3) 신 학교제도의 구상

한편 양계초가 과거제도를 개혁하고 팔고취사를 폐지할 것을 주장하며, 과거제도 개혁의 일환으로 학교와 과거(科擧)의 통합론을 주장한 것은 결국은 학교를 일으켜 인재를 배양한다는 그의 목적과도 관련이 있다.

그는 그의 글 「학교총론」에서 다음과 같이 말하였다.

> 망한 것을 존재하게 하고, 못쓰게 된 것을 일으켜 세우며, 우매한 것을 지혜롭게 하고, 약한 것을 강하게 하는 여러 가지 일의 근본은 학교이다.[18)]

이 뜻은 학교를 일으켜 세움으로써 국가를 강하게 만들 수 있고, 사인(士人)이 지혜로워질 수 있다는 것을 강조한 것이다.

한편 양계초는 「학교총론」에서 그가 생각하고 있는 교육

18) 夏曉虹, 梁啓超文選, 25쪽

제도의 모습을 드러내고 있는데 그 내용은 다음과 같다.

> 내가 말하려는 것은 서양인들의 뜻을 따서 중국의 법을 행하고, 서양인의 법을 따서 중국의 뜻을 행하려는 것인데 그 총강은 세 가지이다. 즉, 교(教), 정(政), 예(藝)이다. 그것을 다시 상세히 나누면 18종인데 (1) 학당, (2) 과거, (3) 사범, (4) 전문, (5) 유학(幼學), (6) 여학(女學), (7) 장서(藏書) (8) 저서, (9) 역서, (10) 문자, (11) 장기(藏器), (12) 신문사 (13) 학회, (14) 교회, (15) 유람, (16) 의숙(義塾), (17) 장애자 교육, (18) 죄인교육이다.[19)]

이것을 요즈음 학제에 따라서 본다면 대학, 사범대학, 전문학교, 아동학교, 가정학교, 도서관, 신문사업, 편역출판, 종교교육, 특수학교 등이다.

1902년 양계초는 「교육정책사의(教育政策私議)」를 썼는데 거기에서 그의 교육제도관을 구체적으로 드러내게 된다. 그는 일본의 교육제도를 모방하고 아동의 신체발달 정황에 근거하여 중국의 교육제도를 만들어 제시하였다. 그리고 교육기간 구분표와 교육제도표를 만들어 학교교육의 계통으로 제출하였다.

교육기간 구분표는 아동의 신체발달에 맞추어 4단계로

19) 夏曉虹, 梁啓超文選, 25쪽

나누고, 각각의 단계를 신(身), 체(體), 지(知), 정(情), 의(意), 자관력(自觀力)의 다섯 가지로 나누어 각각의 단계에 맞는 교육을 실시할 것을 제시하였다.

5세 이하는 유아기로써 가정교육과 유치원 교육을 받고, 6~13세는 아동기로써 소학교육을 받는다. 14~21세는 소년기로써 중학교육 혹은 심상사범(尋常師範)과 각종 실업교육을 받는다. 그리고 22~25세는 성인기로써 대학교육을 받을 것을 제안하고 있다.[20]

양계초가 주장한 교육제도표는 다음의 [그림 1]과 같다.

양계초의 이러한 주장이 나온 것은 국가의 학제가 아직 미제정되었고, 또 임인학제(壬寅學制) 공포 전의 일이다. 특히 유치원으로부터 대학까지의 완전한 교육체계를 제시하고, 또 아동, 청소년의 심신발달을 고려하여 학교교육의 단계를 구분해 제시한 것은 당시로 보면 대단히 선각자적인 생각이었다고 볼 수 있다.

---

20) 中國近代教育史資料彙編, 教育政策私議, 上海教育出版社, 1991, 164쪽

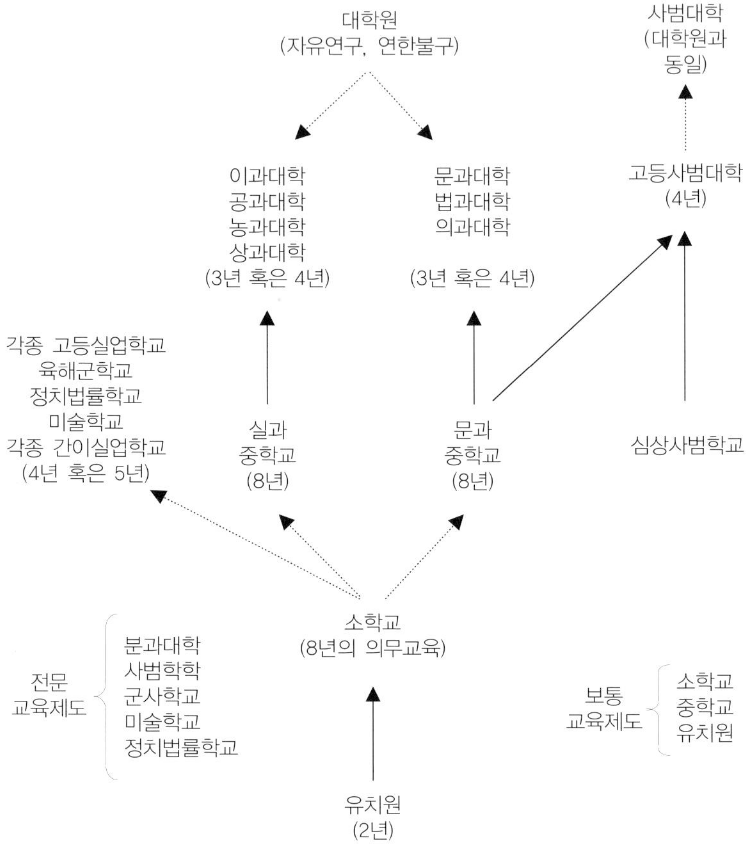
대학원
(자유연구, 연한불구)
사범대학
(대학원과
동일)
이과대학
공과대학
농과대학
상과대학
(3년 혹은 4년)
문과대학
법과대학
의과대학
(3년 혹은 4년)
고등사범대학
(4년)
각종 고등실업학교
육해군학교
정치법률학교
미술학교
각종 간이실업학교
(4년 혹은 5년)
실과
중학교
(8년)
문과
중학교
(8년)
심상사범학교
소학교
(8년의 의무교육)
전문
교육제도
분과대학
사범학학
군사학교
미술학교
정치법률학교
보통
교육제도
소학교
중학교
유치원
유치원
(2년)

[그림 1] 교육제도표

2. 민지를 계발하는 보통교육

1) 국민교육

양계초는 국민교육을 대단히 중요시했다. 그가 국민교육의 요지를 말한 것을 보면 다음과 같다.

> 대체로 한 나라의 중류 이상의 인사들이 수준이상의 학식이 있은 다음에야 그 나라가 천지간에 자립할 수 있다. 오늘 국민교육의 요지가 바로 그 일단이다.[21)]

> 내가 가장 슬프게 생각하는 것은 뛰어난 지혜를 가진 사람들이 적다는 것이 아니라, 보통의 지혜에 도달한 사람들이 적다는 것이다. 뛰어난 지혜를 가진 사람들은 인류가운데서도 극히 드물다. 중국에만 적은 것이 아니라, 서양 국가에도 많지 않다. 보통의 지혜를 가지게 하려면 가르쳐야 한다. 서양의 국민들은 6~7세가 되면 남녀를 불문하고 모두 학교에 들어가서 14~15세가 되면 학교를 나온다. (중략) 보통의 지혜는 갖춘 것이다. 그러므로 어떤 사람이든 자신의 몸을 다스릴 수 있으며, 스스로 생계를 유지할 수 있다. (중략) 천부적인 총명으로 말하면 중

21) 夏曉虹, 梁啓超文選, 75쪽

국 사람이 서양인들보다 못하다고 할 수 없다. 그러나 우리나라에서 가장 지혜롭다는 사람과 서양에서 일등 가는 지혜로운 사람을 비교하면 격차가 매우 심하다고 생각하는데 그것은 보통적인 지혜가 결핍한 까닭이다.[22)]

양계초가 말한 국민교육의 요지는 국민들로 하여금 일정 수준 이상의 지혜를 갖추게 하자는 것이다. 그렇게 되면 나라가 자립할 수 있다고 보았다. 그리고 국민교육의 임무는 국민 한 사람, 한 사람이 통상의 지혜를 갖추도록 하는데 있다고 보고, 이러한 통상의 지혜는 천부적으로 총명한 사람도 가져야 한다고 보았다. 그 이유로 그는 서양의 총명한 사람과 비교해야 하는 이유를 들었다. 양계초는 자강, 구국의 관점에서 통상의 지혜를 가진 사람이 많으면 많을수록 국가도 강해지며, 반대로 적으면 적을수록 국가도 약해진다고 보았다.

양계초는 국민교육은 의무교육으로 해야 한다고 주장하였다. 그는 의무교육과 관련하여 두 가지 의미 있는 주장을 하고 있다. 하나는 학령아동에 대한 입학의 의무이고, 다른 하나는 단체나 시민이 교육경비를 부담하는 의무이다. 이와 관련해 그는 다음과 같이 말하고 있다.

22) 夏曉虹, 梁啓超文選, 75쪽

여러 나라의 소학교들에서 의무교육을 실시하고 있다. 의무에는 나이가 된 자제들은 모두 학교에 들어가야 하고, 단체의 시민은 모두 학비를 납부해야 하는 의무가 있다. 일본은 명치(明治) 23년에 지방학사통칙(地方學事通則)이란 법률을 반포하였는데 그 제2조에 "한 구역이나 여러 구역에서 공동으로 설립한 학교는 그 설립비와 운영비를 본 구역에 사는 사람들 중 실업자(토지와 주택이 있는 자)와 경영자(점포가 없는 행상은 포함하지 않음)들이 공동 부담하며, 그 구역에 원래의 공유재산이 있으면, 그 수입으로 충당한다."고 쓰여 있다.[23)]

이상으로 볼 때 양계초가 말하는 의무교육은 강제교육이며, 지역이나 주민이 교육경비를 책임지는 수혜자 부담교육임을 알 수 있다.

특히 그는 정부가 국민교육을 강제적으로 실시하고 간섭하면 중국 국민이 보편적으로 학교에 입학해서 교육을 받을 수 있고, 또 그 실시효과도 크다고 생각하였다.

중국에서 지금 학교를 설립하지 않으려하면 모르겠지만 일단 설립하려고 하면 정부가 간섭하는 힘에 의해 소학교 제도를 시작해야 한다.[24)]

---

23) 教育政策私議, 「中國近代教育史資料彙編」, 167-168쪽

이를 위해서 양계초는 의무교육의 구체적인 실시와 관련해서 정부에 몇 가지 사항을 건의하였다.[25)]

① 1,000명 이상의 시, 진, 촌락에는 반드시 한 개의 소학교를 설립한다.
② 학교경비는 해당 학교나 해당 지역에서 스스로 마련한다.
③ 매 한 개의 소학교마다 교육회의소(教育會議所)를 설치하고, 해당지역의 주민이 공개적으로 약간명의 교육의원을 선출한다. 학교의 주권과 재정출납 등은 교육회의소가 관리한다.
④ 국가가 제정한 소학장정을 준수하고, 그 관리법과 과목을 채용한다.
⑤ 국가가 정한 과목에 의거해서 관에서 편찬하거나 개인이 편찬한 교과서를 선택해서 이용한다.
⑥ 학교는 학비를 받되, 가정형편이 어렵거나 학비를 지불할 힘이 없는 자제에 대해서는 교육회의의 심의를 통하여 감면하거나 면제할 수 있다. 이와 함께 자제가 취학연령이 되었는데도 입학하지 않는 경우에는 그 부모에게 벌을 주어야 한다.

---

24) 教育政策私議, 「中國近代教育史資料彙編」, 164쪽
25) 中國近代教育史資料彙編, 「教育政策私議」, 167-168쪽

⑦ 이미 확정된 학교세에 대해서 만약 납부하지 않고 항거하는 자에 대해서는 교육회의소가 대신해서 징수한다.
⑧ 매 성에는 3, 4명의 시학관(視學官)을 둔다. 매년 전 성의 각 학구를 순시하고, 학교운영을 지도하며, 학교 관리상태와 수업을 시찰한다.

종합적으로 볼 때 양계초가 주장한 국민교육은 전 국민의 민지를 높여야 한다는 목적을 가지고 있다. 그리고 이는 시대적 요구로써 국가의 자강과 관련을 가지고 있다. 특히 국민교육의 방법으로 의무교육의 실시를 강조하고 있고, 이의 철저한 시행을 위해서 정부가 감독하고 간섭할 필요가 있다고 보았다. 그리고 학령아동을 학교에 안 보낼 때에는 부모에게 벌금을 물리는 등 강제적 조치를 취함으로써 모든 국민이 교육을 받을 수 있도록 하고자 하였다.

2) 아동교육

양계초는 아동교육에 대해 많은 언론을 발표하는 등 아동교육을 대단히 중요시했다. 그는 한 국가의 강약의 관건은 국민의 지혜를 보면 알 수 있는데, 지혜 있는 국민이 많으면 나라가 강하고, 지혜 있는 국민이 적으면 나라가 약하다고 주장하였다. 그러면서 그는 중국이 이렇게 약한 것은 인재의 결핍 때문이라고 하고, 인재결핍의 원인은 교육이 발달하지 않았기 때문이라고 하였다. 양계초는 "서양인은 매년 새로운 방법을 창안하고, 신기구를 만들어 내는 자가 10만 명이나 된다. 새로운 책을 쓰는 사람과 새로운 이론을 발명하는 자가 만 명에 달하고 있다."[26]고 말하고, 당시의 중국은 신기구를 만들어 내지 못하고 있고, 신서(新書)를 저술해 내지 못하고 있다. 양계초는 그 원인을 중국의 문맹이 너무 많고, 재능과 지혜가 너무 약해서 그렇다고 보았다. 따라서 국민의 약지약능(弱智弱能)을 바꾸려면 아동시절부터 교육을 실시해야 한다고 보았다. 이와 관련해 양계초는 다음과 같이 말하였다.

> 춘추시기의 모든 법은 시작하는데 의지했고, 오만가지 기상은 점(点)에서 시작되었으니, 인생 100년은 유학(幼學)에서 이루어진다.[27]

양계초는 그의 글 「논유학(論幼學)」에서 종래 중국에서 행해지던 교육은 아이들을 그르치는 교육이었다고 주장하였다. 그는 지식인들도 어린 시절에는 경서(經書)만을 공부

26) 陳學恂, 中國近代教育文選, 「論幼學」, 147-148쪽
27) 陳學恂, 中國近代教育文選, 「論幼學」, 148쪽

하기 때문에 천문, 지리, 역사에 대한 지식이 아주 적다고 보았다. 경서를 읽는 것도 오로지 과거를 위해서이고 이에 따른 팔고문(八股文) 학습은 창의적인 인간을 만들어 내지 못하고 있다고 지적하였다. 그는 서양인들이 아동을 교육시키는 방법을 소개하면서 중국 아동교육의 방법 중에서 잘못된 점을 구체적으로 지적하였다.

> 그 방법은 먼저 글자를 가르쳐주고, 그 다음 뜻을 가르치고, 이어 단문과 문장을 짓는 것과 같이 순서대로 가르친다. 처음 글자를 배워줄 때에는 눈앞에 있는 사물의 이름을 가르치면 그리 어렵지 않다. 천문, 지리학의 일반적인 이치를 가르칠 때 연극하듯 하면 아이들은 쉽게 알아듣는다. 고사(鼓詞)같은 고금의 잡사(雜事)를 가르치면 아이들은 재미나게 듣는다. 여러 나라의 말을 가르치면 본래 혀가 굳지 않았으므로 아이들은 쉽게 배운다. 산수는 모든 일에 다 쓰이므로 반드시 가르쳐야 한다. 대부분을 노래로 만들어 가르치면 풀이를 잘한다. 음악을 가르쳐 공부에 싫증을 느끼지 않고, 정서에 도움이 되도록 해야 한다. 체조를 가르치면 체력이 억세어져서 누구나 다 병사가 될 수 있다. 하루에 3시간이 초과되어서는 안 되며, 아동들이 피로해 하거나 어려워하지 않도록 해야 한다. 되는대로 가르치지 말아야 기분을 상하지 않고 또 염치(廉恥)를 키울 수 있다.[28)]

이글에서 양계초는 서양인이 아동을 가르치는 방법의 장점으로 천성에 따라 가르치는 것을 들고 있다. 즉 아동의 발달을 고려해 순서에 따라서 가르친다는 점을 지적하고 있다. 그리고 체벌을 사용하지 않는 대신 염치(廉恥)를 길러준다는 점을 강조하고 있다. 이런 반면에 중국의 아동교육방법은 문제가 있다고 보았다.

> 글자를 알기도 전에 경서(經書)를 가르친다. 단어를 판별하기도 전에, 단문을 짓기도 전에 문장을 지으라고 한다. 사숙(私塾)을 시작한지 한 달도 못되어 "대학의 목적(大學之道)은 현명하고 고상한 품덕을 닦는 데 있다."는 말들을 입에 올리고, 귀에 쟁쟁하게 한다. 「기(記)」에도 대학의 목적을 명백히 밝히고 있는데, 입에서 젖내 나는 아이들에게 그런 것을 엮어 가르치니 어찌하자는 건가?
>
> 명덕(明德) 두 글자는 한나라 유학자들이 이아(爾雅: 13경의 하나로 중국 최고의 자서)에 근거하고, 송나라의 현사(賢士)들이 불전을 답습하여 수천가지로 말했는데, 침상이나 잡고 겨우 걸음걸이를 하는 아이들더러 외우라고 하니 그들이 무슨 꼴을 할지 모르겠다.[29]

---

28) 陳學恂, 中國近代敎育文選, 「論幼學」, 148-149쪽
29) 陳學恂, 中國近代敎育文選, 「論幼學」, 149쪽

양계초가 보기에 중국에서 아동을 교도하는 방법은 아동의 천성에 따라 교육하지 않을 뿐 아니라, 교육원리를 위반하고 있다. 또 체벌을 사용하는 등 교육적으로 좋지 않은 방법을 사용하고 있다. 이와 관련하여 양계초는 아동을 교육하는 것은 교사가 정감도야나 인격감화를 기초로 삼아야 한다고 주장한다. 체벌을 사용하면 아동이 학교에 대한 두려움, 혐오, 반항 등을 갖게 되고, 교육효과에 도달하기가 불가능하다. 그리고 엄중한 역효과를 낸다. 그는 이런 교육은 철저히 개혁해야지 그렇지 않으면 국가를 망하게 할 수도 있다고 보았다.

이와 관련해 양계초는 새로운 아동교육방법을 제시하였다. 즉, 아동은 신체와 정신이 아직 미발육한 시기이므로 교학방법은 이런 특성을 잘 고려하여 실시해야 한다. 더욱이 이런 천성을 고려한 교육은 힘을 조금만 들이고도 높은 효과를 올릴 수 있다고 보았다. 특히 양계초는 아동시기는 기억의 황금시기이고 기억력이 특별히 강한 시기이다. 따라서 아동교육을 담당하는 교사는 당연히 이런 특성을 고려하여 아동을 지도해야 한다고 보았다. 이와 관련해 그는 다음과 같이 말하고 있다.

> 아이들이 어릴 때에는 그들의 기억력을 이용하고, 좀 자라면 그들의 해득력(悟性)을 이용해야 한다. 해득력은

나이에 따라 느는 것이지만, 기억력은 자칫 때를 놓치면 10배의 힘을 들여도 늘리는 효과를 보지 못한다.[30)]

여기서 양계초는 아동의 기억력을 이용하는 것이 십분 중요하다 하더라도, 아동의 오성(悟性), 즉 이해력을 선용(善用)하는 것도 중요하다고 보았다. 왜냐하면 기억력은 천성적인 것으로써 계발이 어려우나 오성(悟性)은 계발할 수 있다고 보았기 때문이다.

한편 양계초는 아동이 무슨 과목을 배울 것인지에 대해서도 언급을 했다. 이와 관련해서 그는 「몽학지서(蒙學之書)」에서 일곱 가지 과목을 제시하고 있다.[31)] 이 과목들의 면면을 보면 그 특징이 실용성을 강조하고 있다는 것을 알 수 있다. 양계초는 7개의 각 과목별로 어떤 종류의 책을 읽어야 할 것인지 또 교수법 혹은 책 읽는 법은 어떠해야 하는지를 자세히 제시하고 있다.

양계초는 또 교학공과표(教學功課表)를 제시해서 체계적인 교육이 이루어지도록 하였다. 다음의 열 가지 내용은 8~12세 아동의 학습용으로 만든 것으로 양계초의 아동교육방법을 종합적으로 제시한 것이다. 이 내용을 소개해 보

30) 學校讀經問題; 鄭世興, 梁啓超教育思想, 90쪽

31) 식자서(識字書), 문법서, 가결서(歌訣書), 문답서, 설부서(說部書), 문경서(門徑書), 명물서(名物書) 등이 그것이다.

면 다음과 같다.[32)]

① 매일 오전 8시 수업을 시작해서 가결서(歌訣書)[33)]를 공부한다. 매일 1과(매과 2백자), 매과 20편을 암송한다.

② 9시에는 문답서를 공부한다. 하루에 1과씩을 하며, 암송할 필요가 없다.

③ 10시에는 산학(算學) 혹은 도학(圖學)을 공부한다.

④ 11시에는 문법을 공부한다.

⑤ 12시에는 수업이 끝난다.

⑥ 오후 1시 다시 수업을 시작해서 체조연습을 한다.

⑦ 2시에는 서문(西文)을 배운다.

⑧ 3시에는 글씨 쓰는 법을 배우는데, 이때 중문과 서문을 각 30분씩 공부한다. 매일 각 20자를 원칙으로 한다.

⑨ 4시에는 설부서(說部書)를 배운다. 교사의 해설위주로 가르친다.

⑩ 5시에 수업이 모두 끝난다. 교사와 학생이 함께 애국가를 합창한다.

교학공과표(教學功課表)를 보면 양계초의 아동교육에 대한

32) 陳學恂, 中國近代教育文選, 「論幼學」, 150-151쪽

33) 기억하기 쉽도록 요점만을 간추려서 노래 형식으로 만든 운문 또는 정제된 글귀로써, 보통 한 구(句)에 3자, 5자, 7자 등 여러 종류가 있다.

목적, 교학내용, 교학방법 등이 비교적 소상히 드러난다.

첫째, 그가 제시한 교학공과표를 보면 수업 시작 전 그리고 학교수업 완료 후 공교가(孔教歌) 혹은 애국가를 부르도록 하고 있다. 이것은 일종의 도덕교육이다. 오후의 체조와 자유놀이 시간은 체육활동이다. 따라서 그의 교육목적은 덕, 지, 체가 고루 발달한 인간을 기르는 아동교육목적을 가지고 있음을 알 수 있다.

둘째, 교수학습내용을 보면 가결서(歌訣書), 문답서, 산학(算學), 도학(圖學), 문법과 서문(西文) 등으로써 범위가 상당히 광범위하고 실용적이다. 따라서 실용을 중시하고 응용학과를 교수하는 실용주의 교육내용을 가지고 있다.

셋째, 교수학습방법을 보면, 기억력만을 키우는 교육에는 반대하고, 창조적인 발명을 할 수 있는 이해력 배양을 중시하였다. 수업 시 강의 이외에 문답법 등을 활용하여 학생들의 자기계발능력을 키우도록 하고 있다. 그리고 이를 통하여 아동들이 피동적인 학습활동에서 벗어나 능동적인 학습활동을 하도록 하고 있다. 이러한 것들은 교육심리학과 학습심리학 원리를 활용한 교수학습방법으로써 당시의 상황으로는 상당히 진보적인 것이었다고 할 수 있다.

3) 여자교육

양계초는 세계 각국의 여자교육의 예를 들어 중국에 여자교육이 필요함을 주장하였다. 그는 세계 각국 중에서 여자교육이 가장 성공적인 나라로써 미국을 꼽았다.

> 오늘의 미국은 여성교육 방면에서 성공한 쪽에 가까워지고 있다. 여성교육이 가장 발달함으로써 그 국가는 강하고, 전쟁을 하지 않고도 남을 굴복시킬 수 있는 나라가 되었다. 미국 다음으로 강한 나라들은 영국, 프랑스, 독일, 일본이다. 여성교육이 쇠퇴하고, 어머니가 교양이 없으며, 실업자가 많고, 지혜로운 백성이 적어 나라가 존재하는 것이 행운인 나라는 인도, 페르시아, 터키이다.[34)]

양계초는 앞의 글에서 국력이 강한 나라는 모두 여자교육이 성하고, 국력이 약한 나라는 여자교육이 중시되지 않고 있다고 보고 있다. 결국 그의 뜻은 전 인구의 반이 여성이고, 국력이 약한 중국에서 여자교육을 실시하는 것이 매우 중요하다는 것을 강조한 것이라고 할 수 있다. 특히 그는 여자교육이 매우 급히 필요함을 주장하였다.[35)] 그러나

---

34) 陳學恂, 中國近代教育文選, 「論女學」, 146쪽

35) "若是夫中國宜興婦學, 如此其急也."

여성교육에 대한 그의 주장은 당시로서는 일반인들이 쉽게 받아들일 수 없는 것이었다. 왜냐하면 당시의 중국사회는 여자가 재주가 없는 것이 덕이라는 전통사상의 지배를 받고 있었다. 따라서 일반 사람들은 여자교육의 필요성을 논의해 볼 필요조차 느끼지 못하고 있었다. 그러나 당시 양계초는 여자교육이 모든 교육의 근본이라고 인식하고, 여자가 교육을 받는가의 여부가 국가의 존망성쇠와 깊은 관계가 있다고 보았다.

> 천하를 다스리는 근본은 두 가지가 있는데, 즉 사람의 마음을 바르게 하는 것과, 인재를 늘리는 것이다. 그리고 이 두 가지의 근본은 동몽교양(童蒙教養)이고, 동몽교양의 근본은 여성교육이다. 그러므로 여성교육은 천하의 강약과 존망(存亡)의 근원이다.[36]

한편 양계초는 부녀의 전족(纏足)의 폐해에 대해 비판을 가하고, 부녀의 전족을 국가의 강약 그리고 여자교육과 연계시켜 논의를 전개하였다.

> 나라가 강해지려면 필히 인재를 육성해야 한다. 인재육성의 방법은 유학(幼學)으로부터 시작해야 하고, 유학을

36) 飮氷室合集 文集一, 論女學, 39쪽

시작하려면 어머니가 지켜야 할 예절(母儀)을 수립해야 하고, 어머니가 지켜야 할 예절을 수립하려면 여자교육을 해야 한다.

사람이 나서 6~7세가 되면 입학할 때이다. 그러나 지금 교육에 힘쓰지 않고 형벌에 힘쓰고, 배우노릇에 힘쓰니, 중국 4억 인구의 절반이 죄인들의 천한 부역에 시달리고 있다. 어찌 약질(弱質)이 되지 않을 수 있으랴.[37)]

전족(纏足)을 고치지 않는 한 여학교는 하루도 일어설 수 없다.[38)]

양계초는 여자의 전족을 사람이 약해지는 근본으로 보았다. 그뿐 아니라 그는 전족을 금하는 것을 여학교를 세움으로써 인재를 배양하여 변법도강(變法圖强)하는 것과 연계시켰다.

당시의 중국은 오랫동안 우민정책을 시행해온 관계로 많은 부녀가 교육과는 연고가 없었다. 이때 양계초는 서방의 "생리분리(生利分利)"의 이론을 빌려서 중국사회를 분석하였다.

---

37) 飮氷室合集 文集一, 論女學, 39쪽

38) 陳學恂, 中國近代敎育文選, 「論女學」, 147쪽

> 남자들로 말하면 이를 나누려는 사람(分利之人)은 이를 생산하는 행위(生利之擧)와 거의 같다. 공리가(公理家)의 입장에서 보면 더는 나라를 위하여 일하지 못하게 되었다. 하물며 2억의 여성이 이를 나누어 먹으려는 사람들임에서랴. 그들 즉 여자들은 스스로 살아가지 못하니 타인에게 의지해 살아야 한다. 그래서 남자들은 그들을 짐승처럼 부린다. 그러니 여성의 고생은 막심하다. 여성들은 먹여 살리기를 기다리니 남자들은 그들을 먹여 살리지 않을 수 없다. 하여 일 년 내내 벌어도 처자들을 먹여 살릴 수 없으니 남자들의 고생도 이만저만이 아니다.[39)]

여기에서 양계초는 천하의 여자를 모두 "분리(分利)"의 사람으로 보고 백성이 가난하고, 국가가 약한 하나의 중요한 원인으로 꼽았다. 그러면 왜 여자는 "분리"의 인(人)이 되었는가?

이에 대해 양계초는 다음과 같이 말하고 있다.

> 그 근원은 한 가지가 아니지만 여성들에게 실업(實業)이 없는 것이 최초의 근원이다.[40)]

---

39) 飮氷室合集 文集一, 論女學

40) 飮氷室合集 文集一, 論女學

결국 양계초의 논리는 국가가 약한 이유는 "분리"의 인(人)이 너무 많기 때문이다. 그런데 여자는 대부분 "분리"의 인(人)이다. 여자의 "분리"는 여자가 직업이 없기 때문이다. 그런데 여자가 직업이 없는 것은 배운 것이 없기 때문이고, 그래서 직업을 가질 방법이 없다. 이렇게 여자의 무학(無學)은 부녀 자신으로 하여금 사회 최저층으로 머물게 했을 뿐만 아니라, 국가가 약하고 국민이 가난한 직접적인 원인이 되었다. 그래서 변법도강(變法圖强)하려면 여자들이 배워야 하고, 그러려면 여학교를 진흥해야 한다고 보았다. 이것이 양계초가 주장한 여자교육진흥의 가장 중요한 원인중의 하나이다.

한편 여자는 교육받을 어린이를 기르는 가정교육의 중심이라고 볼 수 있다. 따라서 여자가 배운 것이 없으면 후대에 대해서도 영향이 매우 크다. 사람은 어렸을 때 모친과의 접촉이 가장 밀접하기 때문에 모친의 영향을 가장 많이 받는다. 어머니가 인품을 갖추고 능숙한 말로 지도하면, 곧 아이들의 장래에 반드시 어느 정도의 성과가 있게 된다. 따라서 양계초는 아이들의 교육이 성공하느냐 못하느냐는 어머니의 협력에 달려있다고 하였다. 그는 만약 어머니가 양호한 교육을 받았다면 아동의 조기교육을 중시할 것이기 때문에, 아동들에게 취학 이전에 학문에 대해 조금이나마 얕은 이해를 할 수 있게 해주고, 더불어 입지수신

(立志修身)에 있어서도 능히 기초를 다질 수 있도록 해준다고 보았다.

양계초는 또 태교(胎教)를 중시했는데, 이와 관련하여 서양의 예를 들어 설명하고 있다.

> 서양의 종족학자는 태아교육을 첫째로 꼽는다.
>
> 각국에서 병사들이 강하게 될 것을 요구하는 사람들은 중국여성들더러 일률적으로 체조를 익히라고 한다. 익혀서 아들을 낳으면 그 아이는 피부가 탄탄하고 체력이 강하다고 한다. 이것 역시 여자학당(女子學堂)이 필요한 큰 이유의 하나이다.[41]

양계초는 태교를 여자교육의 조성부분이며 기초로 본다. 이것은 태아가 어머니의 뱃속에서부터 좋은 영향을 받아야 좋은 아이가 태어날 수 있고, 또 천성이 좋은 아이가 국가를 위해서 기여를 할 수 있다는 그의 생각 때문인 듯하다. 이와 함께 어머니가 건강함으로써 건강한 아이를 낳을 수 있고, 이를 통하여 건강한 국민을 양성할 수 있다고 보고 있다.

---

41) 飮氷室合集 文集一, 論女學

이상과 같은 양계초가 여자교육을 주장하는 이유를 요약해 보면 다음과 같다.

첫째, 여자에게 교육의 기회를 주어 생산력의 증가를 도모할 수 있고, 자립할 수 있는 길을 열어주며, 이를 통하여 국가의 자강을 도모할 수 있다는 생각이다. 둘째, 아동들에게 올바른 가정교육을 함으로써 국가의 장래를 이끌어 나갈 어린 아이들을 올바로 키울 수 있다는 믿음이다. 셋째, 건강한 국민의 양성을 도모할 수 있다는 생각이다.

그러면 양계초는 여자가 어떤 내용의 교육을 받아야 한다고 생각하는가?

양계초는 여자교육은 반드시 여자의 개성에 적합하고, 여자의 장점을 발휘할 수 있는 교육이 되어야 한다고 보았다. 그는 여자는 정리력이 장점이라고 보고, 여자교육 특히 고등교육방면의 여자교육에서는 이런 장점을 살릴 수 있는 여러 과목들을 개설해서 그 장점을 발휘할 수 있도록 해주어야 한다고 주장하였다. 또 그는 역사학, 회계학, 도서관관리학, 신문학 등이 여자의 정리력과 서로 적응하는 것이라고 보고, 여자고등교육기관에서는 이와 관련된 과목을 많이 개설해서 여자의 개성을 살릴 수 있도록 해야 한다고 주장하였다.[42]

42) 梁啓超, 我對於女子高等教育希望特別注重的幾種學科, 鄭世興, 「梁啓超教育思想」, 101–102쪽 참조

3. 전문교육

1) 사범교육

무술변법시기에 변법파들은 교육개혁의 문제를 매우 중시했는데, 그 중에서도 과거제를 개혁하고, 신식학교를 세우는 것이 핵심이었다. 그리고 학교를 세우는데 있어서는 먼저 교사의 자질문제를 중요시하였다.

양계초가 보기에 청조 말년에 근대식학교를 세웠으나 교사의 자질은 변함없이 과거제도의 산물로써 형편없이 낮았다. 일반 사숙학교(私塾學校)의 교사는 대부분 과거에서 낙제한 수재가 담당하는 경우가 많았으므로, 각 부, 주, 현의 학관(學官)은 아무런 작위도 받지 못한 "한가한 관직"이었던 것이다.[43)]

양계초는 당시 사범교육기관을 설립하지 않은 것을 비판하고, 전문적으로 교사를 배양할 학교를 설립할 것을 주장하였다. 이렇게 양계초가 교사양성기관의 설립을 강조한 것은 당시의 많은 학교들이 외국인을 교사로 채용하고 있었는데, 거기에 많은 문제점이 있다고 여겼기 때문이다.

양계초는 당시 양무파(洋務派)가 세운 동문관(同文館), 수사학당(水師學堂) 등의 학교가 많은 서양인들을 교사로 채

43) 陳學恂, 中國近代敎育文選, 「論師範」, 142쪽

용하였는데 이런 외국인을 교사로 채용하는 것이 여러 가지 폐단이 있다고 지적하였다.

우리와 서양인들은 말이 통하지 않아 말할 때마다 통역이 구술하지 않으면 안 되는데 반 이상이 실제와 맞지 않는 것이 그 흠의 하나이다. 서양인들은 어려서부터 글을 배우는데 중국이 아닌 곳에서 배우니 가르치는 법도 다르다.

흔히 중문 한두 마디는 알고 있지만 서양인들이 자기 말로 하는 수십 마디는 서양인들은 알지만 중문으로 번역하는 것이 어려운데 그것이 흠의 둘째이다.

서양인들이 중국에서 공부하면 아는 것이 없으며, 그 선생들은 전문적인 것이 서학에 있다. 따라서 우리나라에서 가르치는 기간에는 본래 중국의 것을 제거해 버리니 외국인 모습 그대로 되는 것이 흠의 셋째이다. 서양인들은 초청하는데도 한 나라에서 배운 사람만 초청하는 것이 아니어서 각기 다른 말을 쓰므로 말이 복잡하다. 수사학당(水師學堂)에서 교습하는 것을 보았는데 그들을 훈련시키는 구령이 영국 사람은 영어로, 프랑스 사람은 프랑스어로, 독일 사람은 독일어로 외치는데 그 대열을 보니 구령이 엄숙하고, 발걸음도 정연하여 말을 바꾸지 않아도 통하였고, 각기 훈련시키지 않아도 되었다. 그러나 싸움터에서는 구령이 수시로 변하므로 통일되지 않을 가능성이 있다. 평상시에 훈련할 때에는 늘 들은 구령이어서 알 수 있지만 일단 적 앞에서 진퇴의 기복이 있게 되면 한두 가지 일은 평소에 훈련받지 못한 것인지라 통솔자가 큰 소리로 외쳐대어도 병사들은 알아듣지 못할 것이니 어찌 일을 그르치지 않겠는가? 이것이 흠의 넷째이다. 서방사람들은 쓸모없는 것을 가르치면서도 중국 사람의 몇 배되는 봉급을 타는데 이것이 흠의 다섯 번째이다.[44)]

따라서 그는 낡은 것을 개혁하려면 학교를 세우되 사범학당을 세우는 것이 제일 요긴하고[45)] 중요하다고 보았다.

그는 특히 사도(師道)가 매우 중요하다고 지적하고, 사도가 무너지면 학술도 무너지고, 인재도 망한다고 하였다. 따라서 그는,

인재는 나라에서 양성해 주는 것이고, 선생은 인재양성의 원천이다. 그러므로 천하를 구하는 법은 강의보다 급한 것이 없고, 강의를 하려면 선생을 얻는 것보다 급한 일이 없다.[46)]

---

44) 陳學恂, 中國近代教育文選, 「論師範」, 143쪽
45) 陳學恂, 中國近代教育文選, 「論師範」, 144쪽
46) 飮氷室合集 文集四十三, 爲南開大學勸捐啓

고 주장하였다. 양계초는 인재가 없으면 국가가 서기 어렵고, 교사가 없으면 인재를 얻을 수 없다고 보았다. 고로 교사는 학술의 근본이고 인재의 대원(大原)이라는 것이 양계초의 기본적인 입장이었다. 교사의 사명이 이렇게 중요하기 때문에 양계초는 교사를 배양할 전문적인 사범학교를 설립할 것을 강력히 주장하였다. 양계초는 또 소학당을 설립하려면 반드시 사범학당을 동시에 세워 소학교사를 배양하여야 한다고 주장하였다. 그래야만 구습을 타파하고, 지혜로운 학문을 일으킬 수 있다고 보았다.

> 그러므로 오늘 변법을 말할진대 대학당(大學堂) 설립에 급급해 할 것이 아니라, 소학당부터 세워야 한다. 수도(首都)로부터 각 성(省), 부(府), 주(州), 현(縣)에 이르기까지 모두 소학교를 세우고, 보조적으로 사범학당을 세워야 한다.[47]

이에 따라 양계초는 일본 심상사범학교(尋常師範學校) 제도를 소개하였다.

> 일본의 심상사범학교(尋常師範學校)는(일본에서는 학교를 고등과 심상의 두 종류로 나눈다.) 열일곱 가지를

47) 陳學恂, 中國近代教育文選, 「論師範」, 144쪽

> 배워준다. 그것은 (1) 수신(修身), (2) 교육, (3) 국어(일본문어), (4) 한문, (5) 사지(史志), (6) 지리, (7) 수학 (8) 이화학(겸하여 소리, 열역학 등도 배워준다), (9) 박물(博物, 전반적인 동식물학), (10) 습자, (11) 도화, (12) 음악, (13) 체조, (14) 외국어, (15) 농업, (16) 상업, (17) 공예이다. 이제 그에 근거하여 좀 고치면 첫째, 6경대의를 통달해야 하고, 둘째, 역대의 조정이야기를 알아야 하며, 셋째, 문자 원류에 통달하고, 넷째, 열국(列國) 상황을 통달하며, 다섯째, 격치과(格致科)를 여러 개의 전문과로 나누고, 여섯째, 여러 나라 언어를 알아야 한다.[48]

사범학당의 학생은 바로 소학의 교사를 말하는데 그는 사범학교의 학생이 학당에서 반드시 배워야 할 것을 포괄적으로 6가지의 방면으로 나누어 제시하였다. 이 내용을 보면 6경대의(六經大義)의 이해, 역대 역사적 사실의 이해, 문자 원류의 이해, 각국 정황의 이해, 어떤 학문에 대한 전문기능의 습득, 각국 언어의 학습 등이다. 그는 사범학교의 학생은 이러한 분야를 모두 깊이 있게 이해하고, 사람을 능히 가르칠 수 있어야 비로소 교사로서의 자격이 있다고 여겼다.

양계초는 교사의 선발에 대해서도 다음과 같이 말하였다.

48) 陳學恂, 中國近代教育文選,「論師範」, 144쪽

> 사범학당의 학생들은 소학교 교원이 되므로 사범학당의 교원예비반을 따로 설치하지 않고 교수법을 가르쳐 소학당 생도들의 성취로써 사범학당 생도들의 성취를 시험한다. 3년 후에 그들 가운데서 중학교 교원들을 선발하되 한 현에서 하나씩 선발하여 총시험을 치르게 하고, 우수한 자들을 대학과 중등학교의 교원으로 그 버금가는 자들을 소학교 교원으로 한다.[49]

소학교사 중에서 우수한 자를 선발하여 중학의 담임을 맡기고, 다시 중학교사 중에서 우수한 자를 선발하여 대학교사로 담임시키는 이런 선발방법은 단순해 보일 수 있다. 그러나 당시의 상황으로 볼 때는 시대를 앞지른 탁월한 식견을 나타낸 것이라고 할 수 있다.

2) 정치교육

청조 말년에 이미 동문관(同文館), 광방언관(廣方言館), 수사학당(水師學堂) 등 많은 신식학교가 전문 인재를 배양하기 위하여 세워졌다. 그러나 양계초는 양무시기에 설립된 이러한 학교는 서양의 기예(技藝)만 학습할 뿐이고, 정학(政學)을 중시하지 않기 때문에 진정한 인재를 길러낼 수

49) 陳學恂, 中國近代敎育文選, 「論師範」, 144쪽

없다고 보았다. 즉 예학(藝學)은 언어, 문자, 군사 등 기예만 중시하여 본원적인 전문 인재교육은 중시하지 않기 때문에 그 성과가 필연적으로 유한하다고 보았다. 그가 예학의 중요성을 부인하는 것은 아니지만, 그가 주장하는 서학은 서예(西藝)에서 더 나아가 치부치강(致富致强)의 서정(西政)에까지 내용이 확대 심화된 것을 의미한다.[50)]

양계초는 또 다음과 같이 말하였다.

> 오늘의 교육은 정학(政學, 정치학)을 주요내용으로 예학(藝學, 자연과학)을 종속적인 것으로 삼아야 한다. 정치교육은 좀 쉽지만 자연과학은 상대적으로 어려우며, 정치학의 용도는 넓지만 자연과학의 용도는 상대적으로 좁다. 나라에 정치인재는 있으나 자연과학인재는 없는데 행정에 종사하는 사람들은 자연과학을 진흥시키는 것을 아주 쉬운 것으로 알고 있다. 그렇지 않으면 외국인을 빌려 쓰는데 안 될 것은 없다.[51)]

즉, 그는 정학(政學)의 쓰임은 매우 넓고, 예학(藝學)의 쓰

50) 양계초는 그의 글 「學校余論」에서 다음과 같이 말하여 정학(政學)이 치부치강의 근원임을 말하고 있다.
問子曰: 子偏重政學, 子薄藝學乎? 藝學者, 西人所以致富强之原也. (夏曉虹, 梁啓超文選 上册, 37쪽)

51) 夏曉虹, 梁啓超文選 上册, 35쪽

임은 매우 좁으므로 정학을 위주로 하여 예학을 종속시켜야 한다고 주장하고 있다. 이는 결국 서학의 내용이 서문(西文), 서예(西藝)로부터 서정(西政)으로 발전해야 한다는 것을 주장한 것이라고 볼 수 있다.

양계초는 서정(西政)과 관련한 자료가 부족함을 느끼고 따로 「서정총서(西政叢書)」를 편찬하여 체계적으로 서양정치를 전수하고자 하였다.

한편 양계초는 변법개혁하려면 단지 근대과학기술만을 아는, 즉 예학(藝學)만을 아는 전문 인재를 배양하는 것만으로는 부족하다고 느꼈다. 그는 유신변법사상을 가진 자, 재간이 있는 자, 정치, 법률을 알아서 국가 행정을 관리할 수 있는 전문 인력이 필요하다고 여겼다.[52)]

그는 이와 관련하여,

> 나라에 예재(藝才, 과학기술인재)는 있으나 정재(政才, 정치인재)가 없으면, 기술은 있어도 집정자들이 그들을 이용할 줄 몰라 결국에는 남에게 이용되고 만다. 오늘 중국에서 전문기술을 배워 어느 정도 성과 있는 자들이 없는 것은 아니지만 고금중외에 천하를 다스리는 법을 알고 그 뜻을 깊이 아는 자들이 많지 않다. 이것이 과학기

52) 陳學恂, 中國近代教育文選, 「與林迪臣太守論浙中學堂課程應提倡實學書」, 157쪽

술인재가 좀 있으나 그들을 쓸 줄 모르는 원인이다.[53]

라고 말하고, 따라서 빨리 정치학원을 세워서 변법인재를 양성해 내야 한다고 주장하였다.

서방의 여러 나라들이 먼저 중요시하는 것은 정치학원(政治學院)이다. 그들이 배우는 것은 공리(公理) 공법(公法)을 날(經)로, 희랍, 로마사를 씨(緯)로 하여 근대정치를 실제로 이용하고 있다. 학업을 마치면 그들에게 정치를 맡겨 나라의 기반을 닦는 것을 첫째 과업으로 삼는다.[54]

양계초가 보기에 일본은 정치교육을 중시하여 30년의 시간에 빈약에서 부강하였다.

일본도 그들을 본받아 변법에서 우선 학교를 앞세우고 학교에서는 정치를 중시한다. 이것이 30년도 안 되는 사이에 일본이 일어난 근원이다.[55]

따라서 그는 일본의 경험을 학습할 것을 요구하고 정치

53) 陳學恂, 中國近代敎育文選, 「與林迪臣太守論浙中學堂課程應提唱實學書」, 157쪽

54) 陳學恂, 中國近代敎育文選, 「與林迪臣太守論浙中學堂課程應提倡實學書」, 157쪽

55) 陳學恂, 中國近代敎育文選, 「與林迪臣太守論浙中學堂課程應提倡實學書」, 157쪽

교육을 중시할 것을 주장하였다.

한편 양계초는 "신민" 양성과 관련해서도 정치교육의 중요성을 강조하였다. 그는 서양에는 정치학원이 많다고 하고, 이런 학원에서 배우는 것은 고대의 "천하를 다스리는 도"와 "천하를 다스리는 법"[56] 그리고 지금 사회의 정치관련 지식이다. 이러한 것을 이해하면 고대의 제도 중 어느 것이 좋은 제도인지, 어느 것이 나쁜 제도인지 알 수 있다. 또 서양제도 중 어느 것을 중국에서 시행할 수 있는지, 어느 것을 시행할 수 없는지 알 수 있다. 어느 방면이 급한 것인지, 어느 방면이 급하지 않은 것인지 완급을 가릴 수 있다고 보았다.

그리고 이런 지식을 장악한 신민은 관(官)에 들어간 이후 일을 원만히 처리할 수 있다고 하였다.

결국 양계초는 변법도강(變法圖强)의 목적으로부터 출발하여 정치학원의 설립을 주장하고, 정치교육을 통해서 고금 중외의 천하를 다스리는 법과 도를 아는 "구시양재(救時良才)"[57], 즉 신민(新民)을 배양하고자 하였다.

56) 陳學恂, 中國近代教育文選, 「上南皮張尚書論改書院課程書」, 153쪽
57) 曲士培, 中國大學教育發展史, 山西教育出版社, 1993, 320쪽

3) 고등교육

양계초는 나라에 고급인재가 많으면 많을수록 좋다고 여겼다. 한 나라에 정영분자(精英分子)가 많이 있으면, 세계 각 민족과의 경쟁에서 패하지 않고 서는 것이 가능하다고 보았기 때문이다. 즉 국가가 독립과 생존을 보장하려면 많은 국민이 고등지식을 가지고 있어야 세계와의 경쟁에서 이기고 자강할 수 있다는 것이다.

> 오늘의 세계에서는 대다수 인민이 고등지식을 가지고 있지 않고서는 나라의 생존이 불가능하다. 어찌 나라뿐이랴. 개인도 그러하다. 나의 제자들이 젊은 시절에 수준이상의 학력을 가지지 못한다면 결과적으로는 시대 낙오자가 되어 마침내 도태되고 말 것이다.[58]

상호경쟁은 인류에 대해서 보면 지력의 경쟁이다. 양계초는 고급인재의 배양과 민족 진흥을 재능이 있는 사람을 키우는 것과 관련시켰다. 그러면 어떻게 고급인재를 배양할 것인가? 양계초는 고급인재를 배양하는 유일한 길은 고등교육을 잘 세워 운영하는 것이라고 여겼다. 이것은 국가가 세워 운영하는 공립대학만을 말하는 것이 아니라, 개인

58) 飮氷室合集 文集四十三, 爲南開大學勸捐啓

이 투자해서 사립대학을 세우는 것도 포함하고 있다. 또 고등교육의 내용을 충실히 해서 학문적으로 독립하는 등 고등교육의 수준을 높여야 한다고 보았다. 이를 위해 양계초는 자유강좌제 등의 도입을 주장하였다.

이제부터 양계초의 고등교육에 대한 주장을 좀 더 구체적으로 살펴보기로 한다.

먼저 양계초는 중국학생들의 외국유학에 대해서 언급을 하면서 고등교육의 개혁에 대한 의견을 내어놓고 있다. 그는 유학은 국내 고등교육의 부족을 보충할 수 있으나 시간과 금전상에서 득보다는 손실이 많다고 보았다. 또 현재 중국의 대학이 유학을 위한 준비기관 정도로 전락하는 것에 대해 심각한 우려를 표명하였다. 이와 관련해서 양계초는 한 나라의 학술이 독립하고, 대학의 숫자를 늘리며, 설비를 확충하는 것 이외에는 다른 방법이 없다고 보았다. 그리고 그는 유학이 필요하면 유학생을 파견하되 반드시 심사숙고해서 유학생을 파견할 것을 주장하였다.

한편 양계초는 대학교육의 다양화가 필요하다고 보고, 공립 이외에 반드시 사립도 설치해야 한다고 주장하였다. 그는 자신이 보고 느낀 국외 고등교육에 대한 경험을 소개하였는데, 여기서 그는 국외 사립대학의 좋은 점을 다음과 같이 소개하고 있다.

> 구미 각국의 저명한 대학을 보면 십중팔구는 사립대학이다. 그런 학교들에서는 학교의 기본 바탕이 정국 추세에 따라 동요하지 않는다. 이것은 첫 번째로 우월한 점이다. 정책에 좌우되지 않고, 교풍도 학교가 나갈 방향에 따라 자유로이 발전한다. 이것은 두 번째로 우월한 점이다. 사회나 재단의 관습을 양성하고, 서로 돕는 홍익기반을 마련하는 것이 세 번째로 우월한 점이고, 각 지방이 힘을 나누어 건설하므로 고등학술의 보급에 메말라드는 것을 구제하니 네 번째로 우월한 점이다.[59)]

양계초가 보기에 사립대학은 정국의 변화와 정책의 영향을 비교적 적게 받는다. 그래서 독립적이고 우량한 교풍을 배양하기가 용이하다고 여겼다. 또 사립대학은 각 지방에 나뉘어 설립됨으로써 고등교육 보급의 지방간 격차를 해소할 수 있고, 이를 통해 대학의 부족 문제와 대학교육의 보급문제를 해결할 수 있다고 보았다.

양계초는 중국의 교육사를 보면 송대의 백록동서원(白鹿洞書院), 명대의 동림서원(東林書院) 등이 있는데, 이러한 서원은 비교적 영향력이 있는 사립대학이라고 보았다.

> 우리나라의 교육사에서 송(宋)의 녹동(鹿洞), 명(明)의

59) 飮氷室合集 文集四十三, 爲南開大學勸捐啓

> 동림(東林)은 그 성격이 사립대학인데 다 각기 한 왕조시대의 문화계통에 속한다.[60)]

그는 또 고등교육이 실업교육을 중시해야 한다고 주장하였다. 그는 말하기를,

> 첫째는 고등인재를 육성하여 나라와 사회의 동량으로 되게 하는 것이다. (중략) 인재교육은 실업(實業)을 주로 하여야 한다. (중략) 그런데 지금의 고등교육은 정법(政法)만 가르치는 학교들이 여기저기 서서 국민들의 심리에 글을 읽어 벼슬하면 그만이라는 생각을 줄뿐이지 학업에 편향이 생기는 것을 우려하지 않고 있다. 벼슬에만 눈이 어둡고, 관리의 정치가 퇴폐해지는 것이 여기서 생긴다. 그러므로 사립대학을 엄격히 감독하고, 공업, 상업학교를 장려하는 것이 현재의 급선무이다.[61)]

한편 양계초는 고등교육에는 대학과 전문학교가 있다고 하고, 이 두 학교의 성격이 본질상 다른 면이 있다고 하였다. 그래서 그 목적도 다르다고 말하였다. 그는 대학은 학문을 하는 사람을 기르는 목적을 가지고 있으며, 전문학교

60) 飮氷室合集 文集四十三, 爲南開大學勸損啓

61) 政府大政方針宣言書, 鄭世興, 梁啓超敎育思想, 105쪽

는 기술자를 양성하는 목적을 가지고 있다는 것이다.

> 보통학교의 목적은 건전한 인격을 양성하고, 사회에서 생존 발전할 수 있도록 하는 것이다. 이것이 전체 교육계통의 정신이며, 대학교의 목적도 이것과 다른 것이 없다. 그러나 보통학교와는 달리 대학교를 전국의 최고학부라고 하는 것은 보통목적 이외에 특별한 목적이 있기 때문인데 그 수준의 등차가 있을 뿐만 아니라, 특히 깊은 학문을 연구하여 본국의 문명을 발휘하여 세계의 문명에 기여하려는 것이다.[62)]

> 전문학교의 목적은 사회에 필요한 기술인재를 양성하는 것이고, 대학의 목적은 학문적인 인재를 양성하는 것이다. 그러므로 전문학교 강의에는 과학의 원리가 많지만 기술에 치중하여 배운 것을 응용하는 데 있고, 대학에서 가르치는 것은 기술지식도 있지만 학문에 치중하여 기술로써 학문적 원리를 밝히는 것이다.[63)]

한편 양계초는 "학(學)"과 "술(術)"로써 대학과 전문학교의 구분표준을 삼았다.

---

62) 夏曉虹, 梁啓超文選 下册, 387쪽
63) 夏曉虹, 梁啓超文選 下册, 387쪽

> 이른바 "학(學)"이란 원리, 원칙을 연구하여 일체의 현상을 설명하는 것이다. 원리, 원칙을 연구하여 현상을 설명하는 것 외에 쓸모 있는 것을 달리 찾는 방도를 설정하지 않는다.
>
> 이른바 "술(術)"이란 학리적 방법을 응용하는 기능이다. 원리, 원칙을 연구하여 현상을 설명하는 학문과는 확연히 다르다.[64)]

결국 "학(學)"은 사물 혹은 현상의 원리 원칙의 반영 혹은 발현이며, "술(術)"은 원리 원칙의 응용이다. 따라서 대학은 심오한 학문의 이치를 연구하고, 발명 혹은 진리를 발현하는 것을 임무로 삼는다. 전문학교는 학문의 이치를 응용하여 인류의 생활을 개선시키는 것을 임무로 삼는다. 그러므로 대학의 목적은 발명가, 학문가를 배양하는 데 있고, 전문학교의 목적은 기술자, 실행가를 양성하는 데 있다고 보았다.

양계초는 또 대학은 하나의 자유천지로 변해야 한다고 보았다. 교사와 학생은 모두 연구, 연강(演講), 결사(結社), 교재선택 등에서 자유로워야 한다고 주장하였다. 그는 학술 자유는 학문을 발전시키는 근본 동력이라고 보았다. 그래서 그는 자유강좌제의 실시를 주장했는데 그 방법은 다

---

64) 夏曉虹, 梁启超文選 下册, 389쪽

음과 같다.[65)]

첫째, 전문적인 학술적 소양을 가진 소수의 동지로써 교수를 담당하게 하는데, 이때 강사 단체를 조직하게 한다. 이 강사단체의 인원수는 최소 5~6인 이상이 되도록 한다. 둘째, 강좌는 독립 혹은 원래의 학교에 부설로 할 수 있다. 셋째, 강사가 해당 방면의 교수에 특별한 능력이 있는 경우에는 학과를 설치할 수 있지만, 각 과 간에 연계성이 있어야 하고, 강좌를 듣는 학생이 계통적인 지식을 획득할 수 있어야 한다. 넷째, 강의시간은 너무 많을 필요는 없다. 학생들에게 강의시간 외에 비교적 많은 시간의 자습시간을 주고, 학생과 교수 상호 간에 토론시간이 많이 주어지도록 해야 한다. 다섯째, 수업기간은 너무 길면 안 되고, 대략 2년 정도면 졸업할 수 있도록 한다. 여섯째, 졸업 시 시험을 보지 않는다. 그러나 각과 담당 교수는 수료 증서를 수여할 수 있다. 일곱째, 학생은 두 종류로 나눈다. 전수자(專修者)는 반드시 시험을 거쳐 입학하고, 자유수강자는 입학 시 시험을 보지 않고 입학하며, 수료증을 발급하지 않는다. 여덟째, 풍부한 도서를 구비하여 학생들이 열람하고 읽을 수 있도록 한다. 자연과학의 경우 실험기구와 양호한 실험실을 구비해야 한다. 아홉째, 강좌를 통해서 들어오는 수입 외에 소공장을 열어서 교수와 학생이 함께

65) 李喜所, 元青, 梁啓超傳, 651쪽

노동에 참가하고, 이를 통해 일부 경비를 획득한다.

양계초가 이와 같은 자유강좌제를 주장한 이유는 당시의 학교가 인재교육과 인간교육방면에서 결점이 많아 대학인의 자유정신을 길러주지 못한다고 보았기 때문이다. 그는 당시의 학교는 교실수업이 중간학생을 표준으로 삼고 있어서 지력이 높은 학생이 진일보 학습할 방법이 없다고 보았다. 그리고 교사와 학생 사이의 관계가 박약하여 인간적인 교육이 되지 못하고 있다는 점이 큰 결점이라고 보았다. 그가 고등교육 방면에서 자유강좌제를 주장한 것도 바로 이러한 결점을 없애기 위해서였다.

CHAPTER 6

양계초의 민족의식배양 교육론

1. 역사, 국사교육
2. 소설교육
3. 국문교육
4. 도덕교육

앞에서 이미 논한 바 있는 자강과 구국을 위한 교육과 민족의식 배양을 위한 교육은 양계초 교육사상의 전체를 볼 때 양자가 분리된 것은 아니다. 그것은 자강과 구국을 위해서는 민족정신의 배양이 필요하고, 그를 위해서는 이와 관련된 교육이 실시되어야 한다는 당위론적인 입장에서 볼 때 그렇다. 그러나 그의 교육사상을 고찰해 나가는데 있어서 이 분야가 매우 중요한 자리를 차지하고 있기 때문에, 이 분야를 단순히 그의 자강과 구국을 위한 교육사상 속에 넣어 소홀히 다룰 수 없다는 것이 필자의 입장이다. 왜냐하면 양계초의 사상 전반에는 일반적인 학교교육을 통한 인재 혹은 국민양성만이 아니라, 이 인재가 어떤 모습을 가진 인재 혹은 국민이어야 하느냐 하는 것에 더 많은 초점을 맞추고 있기 때문이다.

무술변법 실패 이후 양계초는 부패한 정치상황과 엄중한 민족위기를 통감하고, 사상 면에서 새로운 길을 찾기로 결심하게 된다. 즉, 변법실패의 원인을 찾고 이를 통해 새로운 구국의 길을 모색하고자 한 것이다. 그는 이와 관련해 중국이 쇠약해진 원인을 고찰해 내었는데 그 결과는 민지(民智)가 아직 계발되지 않았고, 국민성이 우매하다는 것이었다. 더 나아가 양계초는 중국이 약해진 큰 원인은 "성취의 자는 국민이고, 잉육자는 정부"[1]라고 하였다.

여기서 "성취의 자(成就之者)"는 국민의 애국심 박약과 국민 신상에 있는 여러 악습을 가리키는 것[2]이고, 소위 잉육자(孕育者)는 역대의 전제정부가 우민정책을 써서 우민을 만든 것을 가리키는 것이다. 양계초는 역대의 통치자는 국민에 대해 기(氣)를 억제시키고, 지(智)를 막으며, 역(力)을 소멸시키고, 군(群)을 흩어지게 하며, 동(動)을 제한하게 하는 통치로써 민(民)을 우매하고, 나약하게 만들려고 했다고 보았다. 그래서 양계초는 다음과 같이 말하였다.

> 국가의 독립을 위해서는 국민의 인식을 높이지 않으면 안 되는데 국민의 인식을 높이려면 국민의 사상을 바꾸어야 하고, 사상을 바꾸려면 그들의 습관을 새롭게 하지 않으면 안 된다.[3]

결국 양계초의 결론은 국민성의 개조와 이를 통한 신민(新民)의 양성이었다.

---

1) 夏曉虹, 梁啓超文選 上册, 89쪽

2) 노성(奴性), 우성(愚性), 위아(爲我), 호위(好僞), 겁나(怯懦), 무동(無動) 등을 말한다.

3) 飮氷室合集, 論支那宗敎改革 21책

양계초는 20세기 초의 시대특징을 열강이 존재하는 약육강식, 적자생존의 시대라고 보았다. 이러한 시기에 구시대의 정치제도, 사상문화, 윤리도덕 등은 이미 신시대의 요구에 부응하기에는 낙후한 물건이라고 보았다. 따라서 그는 강한 나라를 만들려면 반드시 국민이 강한 민족적 정신을 가지고 이에 대처해 나가야 한다고 보았다. 또 각각의 국민이 나라를 사랑하는 국민으로써의 책임을 다할 뿐만 아니라, 정부가 국민의 애국심을 불러일으키는 것도 중요하다고 보았다.

그러면 어떻게 하면 강한 민족정신을 가진 애국자를 키워낼 수 있을 것인가?

이와 관련한 양계초의 주장을 종합해 보면 역사 및 국사, 어문 및 국문, 소설, 도덕 등의 방면에서 새로운 방법을 모색하여 국민정신의 개조 및 신민을 배양해 내야한다는 것이었다. 이를 교육과 관련해 해석해 보면 역사, 국사교육의 개조 및 강화, 어문 및 국문 교육방법의 개선, 소설을 통한 국민정신의 개조, 신민양성을 위한 새로운 도덕교육의 실시 등으로 이해할 수 있다.

1. 역사, 국사교육

양계초는 역사를 중시하기 때문에 역사학과 관련한 글들을 많이 발표하였다.

그는 세계 여러 학문 중에서 사학(史學)만이 "가장 광대하고 또 가장 절실히 요구되는 것"[4]이라고 하면서, 사학(史學)을 "국민의 거울이고, 애국심의 원천"[5]이라고 보았다. 특히 양계초는 구미의 진흥은 사학발달이 주요원인의 하나라고 보고, 중국이 장래 애국심과 민족 단결력을 증강시키려면 반드시 사학(史學)을 크게 발전시키고 보급시켜야 한다고 하였다.

양계초는 당시의 중국의 전통사학은 다음과 같은 원인으로 인하여 반드시 근본적인 개혁이 필요하다고 보았다.

첫째, 조정(朝廷)이 있다는 것만 알고, 국가가 있다는 것은 모른다.

둘째, 개인이 있다는 것만 알고, 군체(群體)가 있다는 것은 모른다.

셋째, 옛 일이 있다는 것만 알고, 현재의 일은 모른다.

넷째, 사실이 있다는 것만 알고, 이상이 있다는 것은 모

4) 夏曉虹, 梁啓超文選 下册, 515쪽

5) 夏曉虹, 梁啓超文選 下册, 515쪽

른다.[6)]

이와 같이 양계초는 중국의 전통사학에 대해 예리한 비판을 시도하였다. 이때의 그의 역사의식은 역사란 국가사상을 일으키는데 도움을 주어야 하며, 군력(群力), 군지(群智), 군덕(群德)에도 작용이 되어야 한다는 것이었다. 또 최근에 일어났던 사실들을 소상하게 이해함으로써 현재의 임무를 깨닫게 해야 하며, 이상을 가질 수 있도록 자극을 주어야 한다는 실용적 역사를 지향한 것이었다. 그가 신사학을 발표한 시기가 중국이 열강의 침략하에서 최악의 상태였는데도 국민의식은 일어나지 않고, 나라야 어떻게 되던 나 한 몸만 살아보겠다는 세기말적인 풍조가 휩쓸고 있을 때라는 점을 감안하면 이해가 된다.

양계초가 보기에 중국의 고대 역사서는 이해하기가 어렵고, 선택이 어려우며, 계발이 없고, 정감이 적다고 보았다. 특히 정감이 적다(無感觸)는 뜻은 전사(全史)를 독파해도 애국심이 솟아나지 않고, 단체를 단결시키는 힘이나, 금일의 시세에 응하여 만국(萬國) 속에서 우뚝 솟아남이 없음을 의미한다. 따라서 고대사서는 민지를 계발하고, 국민을 교육시키고, 국민을 위해 복무하는 데까지 이르지 못하고 있으며, 이미 낙후해서 근대사회의 발전과 변혁의 요구에 적응하지 못하고 있다고 보았다. 결국, 양계초는 중국의 전통

6) 夏曉虹, 梁啓超文選 下册, 515-519쪽 참고

사학이 애국사상이나 민족주의를 일으키는 데 아무런 도움이 되지못하고 있음을 강조하고 있다. 특히 그는 구시대의 사학이나 사서(史書)가 일부 위정자나 식자층의 전유물이었음을 배격하고, 국민을 위한 국민의 역사가 되어야 함을 주장하였다. 그리고 평이한 역사서를 만들어 모든 국민이 읽게 하며 또한 감동을 느껴 애국애족의 자극을 줄 수 있게 해야 한다고 주장하였다. 그래서 그는 역사서속에 국민들이 공감하는 영웅들을 등장시켜 위기에 처한 중국인을 구출하고자 하였다. 이와 같은 그의 심중에서 우러나오는 역사의 보편화에 대한 열의는 민(民)을 계몽, 개화시켜야 사회개조와 실천이 가능하다는 그의 사상의 한 단면이라고 하겠다. 따라서 그는 이상적인 중국사의 중요항목들을 4가지로 종합해서 제시하고, 이를 통해서 국민에게 읽히는 중국역사서를 만들고자 하였다.

한편 양계초는 과거의 정치사 중심의 중국사를 완전히 탈피하고자 하였다. 중국민족과 타 민족과의 교섭과 이로 인해 파생되는 문화의 교류면이 중시되었다. 그리고 중국문화 즉 사상, 철학, 문학, 경제, 과학, 미술, 음악, 공예 등에 대한 규명과 이것들의 세계문화와의 상호 영향 관계의 인식을 중시하였다. 양계초는 인류전체에서 본 중국민족의 위치와 특성 그리고 책임 등이 명시되어야 한다고 주장하였다.

더 나아가 양계초는 그의 글「국학입문서 요목과 그 독법(國學入門書要目及其讀法)」,「요적 해제와 그 독법(要籍解題及其讀法)」 등의 문장 중에서 국학방면에서 반드시 읽어야 될 서적, 참고서적과 읽는 법 등을 상세히 제시하였다. 그리고 그는 중국인이 최소한 읽어야 할 국학서목(國學書目)을 제시하였다. 이 목록을 보면 다음과 같다.

> 四書, 易經, 書經, 詩經, 左傳, 老子, 墨子, 莊子, 荀子, 韓非子, 史記, 漢書, 後漢書, 三國志, 自治通鑑, 宋元明史紀, 楚辭, 文選, 李太白集, 杜工部集, 韓昌黎集, 柳河東集, 白香山集, 其他辭集(사서(四書)의 독법은 "논어, 맹자는 숙독하여 외울 수 있어야 한다. 그것이 안 되면 여러 번 번역하되 단어들을 열심히 듣거나 또는 심신수양에 필요한 말들을 기록하여야 한다. 논어, 맹자는 정문(正文)을 읽는 것이 좋으며, 해득하지 못하는 것이 있을 경우 주석을 볼 수 있다. 대학, 중용은 숙독하여 암송하여야 한다." 참고서적은 주자의 사서집주, 대망(戴望)의 논어주석, 초순(焦循)의 맹자정의, 대진(戴震)의 맹자자의소증(孟子字義疏證), 초순의 논어통석(論語通釋), 진례동(陳澧東)의 숙독서기(熟讀書記)와 독맹자(讀孟子) 같은 것)[7]

7) 夏曉虹, 梁啓超文選, 下册, 420-439쪽 參考

종합적으로 보면 양계초가 국학에서 기본적으로 읽어야 할 서적으로 제시한 것들은 선진경서(先秦經書), 자서(子書) 이외에도 대부분 역사서 또는 역사와 관련이 있는 것들이다.

이와 관련해 양계초는,

> 나의 주장은 극히 평범하다. 나는 역사책들을 국학의 가장 주요한 부분으로 본다. 선진(先秦)의 일부 경서와 일부분 자서(子書) 외에 가장 요긴한 것은 정사(正史), 통감(通鑑), 송원명기사본말(宋元明紀事本末), 9통(九通)중의 일부분과 사학에 관련되는 필기문집(筆記文集) 등을 읽는 것이다. 산(算)은 국학의 상식이므로 중국의 책 읽는 사람들로서는 다 읽어야 하는 것에 속한다.[8)]

윗글을 보면 양계초는 역사서가 국학의 가장 중요한 부분이라고 인정하고 있음을 알 수 있다. 그는 또 사람들이 어떤 학문을 하더라도 역사가 가장 중요하고 기본적인 학과라고 보았다.

> 역사는 보통학(普通學) 중에서 가장 중요한 것이다. 어떤 분야의 공부를 하든지 역사를 모르고서는 접촉하는 곳마다 애로에 부딪쳐 해득할 바를 모른다. 그러므로 학

8) 飮氷室專集, 東籍月旦; 鄭世興, 梁启超教育思想, 125쪽

> 문에 뜻을 둔 자들은 책의 상자를 열면서부터 훌륭한 역사책을 들고 숙독해야 하며, 수천 년을 내려 온 열국(列國)의 중요한 사실들과 문명의 진보과정을 확실히 알고, 그 원인과 결과를 안 다음에라야 다른 학문을 토론할 수 있고, 근거가 있게 된다. 그렇지 않고서는 기초 없는 누대(樓臺)를 세우는 것과 같이 헛고생만 할 것이다.[9]

양계초는 역사는 다른 학문을 인식하는 바탕이 된다고 생각했다. 결국 그는 학문의 귀결점은 역사로 귀결된다고 보았다.

2. 소설교육

양계초의 소설에 대한 견해는 다음과 같다.

> 중국인이 강호의 도적이 되려는 사상이 어디로부터 왔는가? 소설로부터 온 것이다. 소설의 내용이 좋지 않으니, 나쁜 영향을 미치고 있다.[10]

9) 飮氷室專集, 東籍月旦; 鄭世興, 梁啓超敎育思想, 134쪽
10) 夏曉虹, 梁啓超文選, 6-7쪽

양계초는 민족이 우승열패(優勝劣敗)의 국면에서 국가를 멸망으로부터 구원하는 길은 신민(新民)을 양성하는 데 있다. 그러려면 먼저 소설의 중요성을 인식하고, 그 내용을 개량하지 않으면 안 된다고 보았다. 또 소설은 사람들에게 가장 잘 영향을 끼치는 일종의 교육이기 때문에 소설의 내용은 마땅히 교화, 구국의 기능을 할 수 있는 것이라야 한다고 주장하였다.

그러나 중국전통의 문학 관념은 "문이재도(文以載道)"[11], "시이언지(詩以言志)"[12]이다. 시문(詩文)은 "치국평천하(治國平天下)"를 논하는 고급문화이고, 소설은 하류작품으로 취급되었다.[13] 「한서문예지(漢書文藝志)」에는 "소설15가(小說十五家), 1천3백80편(千三百八十篇)"이라는 기록이 있고, 「제자약서(諸子略序)」에는 소설가 따위는 대개 패관(稗官)[14]에서 비롯되었는데, 시장골목에서 오가는 이야기나 길에서 들은 이야기들로 만들어진 것들이라고 하고 있다.[15] 일찍이 중국문학의 여러 분야 가운데 소설이 그 지위가 얼마나 낮은 것이었는가를 짐작케 하는 말이다.

중국고대로부터 소설은 아무런 정치적 지위가 없었다.

11) 문으로 도를 전한다.

12) 시로써 자기의 의지와 지향하는 바를 표달하는 것을 말한다.

13) 李喜所, 元青, 梁啓超傳, 216쪽

14) 하급관리를 의미함.

15) 中國思想大系 9冊, 「梁啓超編」, 311쪽

그러나 양계초는 소설의 중요한 지위를 인정하고, 그 사회적 효능을 활용하고자 하였다. 그는 대다수의 일반인들은 흥미 있고 읽기에 수월한 책은 좋아하지만, 반면에 엄숙하고 딱딱한 내용의 작품은 싫어한다고 하였다. 강유위(康有爲)도 글자를 아는 사람 중 경서(經書)를 읽지 않은 사람은 있으나, 소설을 읽지 않은 사람은 없다고 주장하고, 국민계몽에는 쉽고, 흥미 있는 교재로 활용될 수 있는 소설이 필요하다고 보았다. 따라서 6경(六經)이나 정사(正史) 등의 교재는 어려우므로 소설이 국민을 계몽하는데 유용하고, 또한 최대의 효과를 낼 수 있다고 보았다.

1902년 양계초는 「소설과 군치의 관계를 논함(論小說與群治之關係)」을 발표하고, 전통의 문학관을 향해 도전하기 시작하였다. 그는 그 글에서 신 국민을 만들고, 구 정부를 혁신하며, 신도덕을 세우는데 소설의 작용이 아주 클 수 있음을 분석해 내고 있다.

양계초는 신종교, 신도덕, 신정치, 신풍속, 신학예, 신인격을 창조하고 싶으면 신소설을 통해서 가능하다고 보았다.

> 국민들을 새롭게 하려면 우선 일국의 소설을 새롭게 하지 않고서는 안 된다. 도적을 새롭게 하려면 소설을 새롭게 하여야 하고, 종교를 새롭게 하려면 소설을 새롭게 하여야 한다. 정치를 새롭게 하려면 소설을 새롭게 하여

야 하고, 풍속을 새롭게 하려면 소설을 새롭게 하여야 하며, 자연과학을 새롭게 하려면 소설을 새롭게 하여야 한다. 인식을 새롭게 하고, 인격을 새롭게 하려면 소설을 새롭게 하여야 한다. 무엇 때문에? 소설은 불가사의한 힘으로 사람들을 지배하는 까닭이다.[16]

오늘의 대중정치를 개량하려면 소설계의 혁명부터 시작해야 하며, 백성들을 새 국민(新民)이 되게 하려면 새로운 소설(新小說)로부터 시작해야 한다.[17]

양계초는 소설이 사람의 마음을 지배함에 있어 네 가지의 영향력을 지니고 있다고 하였다.

소설이 사람의 마음을 지배하는 힘은 네 가지이다. 첫째로 훈도하는 것이다. 훈도란 연기 속에 휩싸인 것처럼 그 속에서 쏘이는 것을 말하는데 검은 것, 붉은 것을 가까이 하면 그것들에 물드는 것과 같다. 둘째, 침염되는 것이다. 훈도는 공간적으로 말하는 것이므로 그 영향의 크고 작음과 한계의 넓고 좁음을 말하지만, 침윤은 시간적으로 말하는 것이므로 그 영향의 크고 작음과 그 한계

16) 夏曉虹, 梁啓超文選 下册, 3쪽
17) 夏曉虹, 梁啓超文選 下册, 8쪽

> 의 길고 짧음을 말한다. 침윤은 마음에 스며 배어든다. 셋째는 자극이다. 훈도되는 것, 침윤되는 것은 점차적인 과정이지만 자극의 힘은 굉장히 빨리 작용한다. 훈도되고, 침윤되는 힘은 그 영향을 받는 사람들이 깨닫지 못하지만 자극의 힘은 영향을 받는 사람을 불시에 깨닫게 한다. 넷째는 몰입(沒入)이다. 앞의 세 가지는 외부로부터 들어오는 영향이지만 몰입의 영향력은 내부에서 생겨나는 것으로 불법(佛法)의 최고 경지와 같다. 소설을 읽는 사람은 소설속의 사람인 듯 책에 들어가 주인공이 된다.[18)]

그는 "훈(熏)", "침(浸)", "자(刺)", "제(提)" 네 글자로써 소설의 신기한 효능을 나타내었다.

양계초가 말하는 소위 훈(熏)이라는 것은 바로 소설이 연무와 같아 구멍이 없으면 들어가지를 못하는 것을 의미한다. 사람으로 하여금 그 포위 속에 처하도록 하고, 그 감염으로부터 도망갈 방법이 없게 한다는 것을 의미한다. 소위 침(浸)은 소설을 읽는 자로 하여금 그것에 침윤을 당하여, 주인공과 같은 환락을 느끼고, 같이 비통해하는 등 도망갈 방법이 없음을 의미한다. 자(刺)는 소설중의 인물, 사건, 사회상황 등에 영향을 받는 것을 말한다. 제(提)는 소설을 읽

18) 夏曉虹, 梁啓超文選 下册, 4-5쪽

음으로써 사상인식을 높이고, 인생의 철리를 알며, 경국치세(經國治世)의 도를 깨닫는 것을 의미한다.

양계초는 이러한 네 가지 영향력을 잘 활용하면 세상을 다스려나가고 공중의 도덕, 윤리도 올바로 교화시켜 나갈 수 있다고 보았다.

> 교주(敎主)가 교문(敎門)을 세울 수 있고, 정치가 정당을 조직할 수 있는 것은 이 네 가지를 벗어나지 않는 것이다. 문학가가 그중의 하나를 얻으면 문호(文豪)가 되고 네 가지를 겸하면 문성(文聖)이 된다.[19]

따라서 양계초는 이러한 네 가지 힘을 선용하면 온 세상에 복을 가져다줄 것이나 악용하면 오래도록 해독을 남길 것이라고 하였다. 그리고 이러한 네 가지 힘이 가장 쉽게 나타날 수 있는 것이 소설이라고 보았다.

그런데 그는 결코 모든 소설이 교재로서의 가치를 가지는 것은 아니라고 보았다. 참된 지사(志士)가 집필하여 그들의 경력, 체험, 정치논의가 내면에 들어간 그런 소설이어야 비로소 국민에 이익을 주고, 국가에 이익을 줄 수 있으며, 진정으로 국민의 사상을 계발할 수 있다고 하였다.

양계초의 이러한 소설의 교육적, 계몽적 효과에 대한 주

19) 夏曉虹, 梁啓超文選 下册, 6쪽

장은 일본 명치유신후의 문학개량사조의 영향을 받은 바가 크다.

> 일본유신(日本維新)에서 큰 공로를 세운 것은 소설이다. 명치(明治) 15~16년간에 민권, 자유의 목소리가 온 나라에 퍼졌다. 이러한 때 서양의 소설 가운데 프랑스와 로마의 혁명에 관한 책들이 계속 번역되어「자유」,「자유의 등」같은 제목으로 신문에 게재되었다. 이로부터 서양 소설들을 번역하는 것이 갈수록 흥성하게 되었다.[20]

이런 찬미와 감상은 양계초가 일본의 영향을 받았음을 잘 드러내주고 있다.

3. 국문교육

양계초는 당시 책을 읽는 지식인을 제외하면 농, 공, 상, 군인 등의 직업을 가진 국민들은 모두 교육을 받지 못하여 몸으로 하는 일만 알고, 선조의 경험만을 답습하여 고작 가업을 지켜갈 뿐이어서 창조라는 것이 근본적으로 없었

20) 淸議報全編 6册, 文明普及法; 李喜所, 元靑, 梁啓超傳, 217-218쪽

다고 주장하였다. 따라서 3세설(三世說)에 입각하여 우민을 교육함으로써 어리석음으로부터 국민을 벗어나게 하고, 국민을 지혜롭게 만드는 것이 최고의 절박한 일이라고 생각하였다. 그는 서양국가의 국민들이 어떤 직업을 막론하고 상당한 지식을 가지고 있는 것은 양호한 교육에 기인하는 것으로 판단하고, 이에 비하여 중국의 아동교육은 부재인 것이나 다름이 없으므로 국민에 대한 재교육으로서 계몽교육을 실시해야 한다고 생각하였다. 이런 계몽교육의 내용으로 양계초가 특히 관심을 가졌던 것은 국문교육이었다. 왜냐하면 국민이 글을 모르고서는 현재와 같은 국가의 어려움을 벗어나기 어렵다고 느꼈기 때문이었다.

그는 국민의 지식수준을 제고시키기 위해서는 먼저 글을 알아야만 가능하다고 보았다. 그는 다음과 같이 말하였다.

> 서양인 100인 중 글자를 아는 자가 80인에서 97, 98인에 이르는데, 중국은 30인이 넘지 않는다.[21)]

이렇게 중국인이 글자를 아는 자가 서양인보다 훨씬 적은 것은 어릴 적부터 이와 관련된 교육이 잘 이루어지지 않았기 때문이고, 또 한편으로는 중국의 언어와 문자가 발전된 이래로 언어와 문자가 분리되어 사용되다보니 문맹

21) 陳學恂, 中國近代敎育文選, 「論幼學」, 148쪽

률이 높아지게 되었다고 하였다. 결국 이런 국민의 문맹현상이 국가 및 민족의 쇠약을 가져온 원인이라고 본 양계초는 봉건주의 시대의 어문교육을 비판하고 새로운 국문교육을 위한 개혁안을 여러 가지 내놓았다.

양계초는 봉건주의 어문교육에 대해서 다음과 같이 말하고 있다.

> 글자를 알기 전에 경서를 가르치고, 단어의 뜻을 모르고, 단문을 짓게 하고, 글을 짓게 한다. 사숙을 시작한지 한 달도 되기 전에 "대학의 목적은 명명덕(明明德)에 있다." 따위를 입에 올리고 입에 쟁쟁하게 한다.[22)]

양계초가 보기에 이러한 봉건주의 어문교육은 교학의 기본원리를 위반한 것이다. 따라서 그는 교육규율에 맞는 적합한 신 교재를 새로 편집해서 사용해야 한다고 주장하였다.

양계초가 왕삼연(王森然)에게 준 「중학국문교학개요(中學國文教學概要)」에 보면 현재 학교의 과목 중에서 가장 중요한 것은 국문인데, 가장 가르치기 어렵고, 또 가장 배우기가 어렵다고 하고 있다. 그는 국문교학의 어려운 점으로 표준을 정하기가 어렵고, 진전에 곡절이 많다는 것 등 6가지를 들고[23)] 따라서 국문을 가르치려면 많은 준비를 해야

22) 陳學恂, 中國近代教育文選, 「論幼學」, 149쪽

한다고 보았다. 그는 국문교학의 방법을 구체적으로 제시하기까지 했는데 구체적 내용은 다음과 같다.

1학년은 2학기가 있으니 한 학기는 기술문을 가르치고, 다른 한 학기는 논변문(論辯文)을 가르치되, 간단한 것으로부터 복잡한 것으로 가르친다. 위의 주장은 다음과 같은 관점을 포함하고 있다.

우선 문체의 집중이다. 제1학기에 기서문(記敍文)을 집중해서 가르치고, 제2학기에 논설문을 가르친다. 다음으로 얕은 것으로부터 깊은 것으로 순서를 밟아 지도하는 심리학 방법의 도입이다.[24)]

양계초는 또 글을 가르치는 데 시간이 너무 많이 들고 또 학생도 지겨워한다고 지적하고, 모든 문장을 가르치려고 할 것이 아니라, 반드시 묶어서 가르칠 것을 강조하였다. 이와 함께 강의시간도 시간으로 할 것이 아니라, 주단위로 해야 한다고 하였다. 즉 2주에 한 묶음 또는 3주에 한 묶음을 가르치는 식을 주장하였다. 이와 함께 그는 교육규율에 맞는 적합한 신 교재를 새로 편집해 낼 것도 주장하였다.

양계초는 국문교육이 효과적으로 이루어져 학생들이 쉽

---

23) 陳剛, 沈寶良, 沈偉麟, 試論梁啓超的語文教育思想, 「教育研究」, 1982年 第七期, 85-86쪽

24) 예를 들면 기서정물(記敍靜物), 의론소사(議論小事) 등의 가벼운 것을 먼저 가르치고, 기서동물(記敍動物), 의론대사(議論大事) 등의 어려운 것을 가르친다.

게 글자를 배우고, 여러 다양한 서적들을 접촉하는 기회를 갖도록 해주고자 하였다.

4. 도덕교육

양계초는 교육을 통해 그가 이상으로 하는 신민을 배양하고자 시도하였다. 자연히 덕육 양성이 이를 위한 가장 중요한 방법으로 대두되었다. 그는 많은 강연과 논저 속에서 도덕교육을 중시했고, 덕육이 학교의 중심지위에 있어야 한다고 강조하였다. 그는 많은 학교가 도덕교육을 무시하는 경향에 대해서 대단히 불만을 가지고 있었다.

> 중학교육에서 수양방면에 주의를 돌리지 않는다. 하루 종일 수업 시작과 끝나는 종에 따라 등하교하면서 역사, 지리, 물리, 화학에서 왔다 갔다 한다.[25)]

이런 상황을 바꾸기 위하여 양계초는 교육에 응용할 수 있는 도덕에 대한 표준을 제시하였다. 그리고 거기에서 도덕교육의 목적은 개성과 군성(群性) 그리고 구체적인 도덕

25) 飮氷室合集 文集43, 7쪽

규범 예를 들면 동정심, 성실, 근로, 강강(剛强)[26] 등을 발전시키는 데 두어야 한다고 강조하였다. 소위 개성을 발전시킨다는 것은 개개인의 특성이 밖으로 완전히 표현되어 나올 수 있는 것을 말한다. 또 군성(群性)을 발전시킨다는 것은 군체(群體)와 국가 관념을 배양해서 촌민, 집체, 민족, 국가이익을 위해서 공헌할 수 있도록 하는 것을 말한다. 결국 이러한 도덕수양을 위해서는 먼저 동정심이 있어야 한다고 양계초는 보았다. 그리고 그는 이 세상의 모든 도덕이론의 기초는 동정심으로부터 나온다고 여겼다.

다음으로 사람의 성실한 태도를 만드는 것이 필요하다고 보았다. 이런 성실은 자기가 하는 일의 언행일치, 힘을 다해 필사적으로 쟁취하는 정신 등을 포함하고 있다. 또 사회적으로 일종 성실한 분위기를 만들어 파급시키는 것도 포함하고 있다. 그래서 양계초는 성실한 자는 광영(光榮)이 있고, 위선자는 타격이 있을 것이라고 주장하였다.

더 나아가 근로의 미덕과 굳센 능력을 배양하는 것이 중요하다고 보았다. 양계초는 말하기를,

> 사람에게 굳센 능력만 있으면 아무리 커다란 압력이 있어도 또 성실하지 못한 행위를 부리라고 해도 한사코 하지 않는다. 근로한 사람도 그러하다. 사람이 타락하지

26) 강하고 굳세다.

않도록 자신을 보호하려면 굳세지 않고서는 안 된다.[27]

양계초는 이 중에서 군성(群性)을 발전시키는 것이 가장 시급하고도 중요하다고 보았다. 그리고 군성(群性)의 배양 중 반드시 가르쳐야 할 덕목은 공덕(公德)이라고 보았다. 그가 보기에 "공덕"은 기본적으로 서양사상의 영향을 받은 것으로써 그것의 중심은 "인인상선기군(人人相善其群)"[28][29] 이고, 사덕(私德)은 기본상 중국전통의 도덕수양이고 그 중심은 "속신과과주의(束身寡過主義)"[30]라는 것이다. 양계초는 당시의 중국사회는 사덕의 발달이 지나치고, 공덕관념이 매우 희박하다고 보았다. 그 주요 원인은 봉건시대 구 도덕의 영향이다. 왜냐하면 봉건시대의 구 도덕은 전부가 종법성(宗法性)과 강상윤리설(綱常倫理說)에 집중되어 있었다. 즉, 군신, 부자(父子), 형제, 부부, 친구, 또 효(孝), 제(悌), 충(忠), 절(節) 등 모두 국가와 사회와는 관계가 없다. 따라서 양계초는 당시 가장 중요한 것이 군중을 향하여 새로운 도덕규범을 제창하고, 사람들의 공덕관념을 강화시키는 것이라고 하였다.

27) 飮氷室合集 文集39, 35쪽

28) 夏曉虹, 梁啓超文選, 上册, 110쪽

29) 양계초 공덕론(功德论) 속에서 나온 말. 개인에게 유리한 도덕성을 사덕(私德)이라고 하고, 집단에 유리한 도덕상을 공덕(公德)이라고 하였다.

30) 夏曉虹, 梁啓超文選, 上册, 111쪽

한편 양계초가 주장한 도덕관의 특징은 도덕과 개인의 개성을 발전시키는 것을 함께 결합시켜 제시했다는 데 있다. 즉 덕육을 중시하는 것과 동시에 지육에도 관심을 기울였다는 말이다. 결국 양계초가 제시한 도덕교육은 서방의 도덕과 중국의 전통도덕이 합쳐져 새로운 도덕교육 체계로써 제시된 것이라고 말할 수 있다. 그리고 이러한 도덕교육의 내용은 민족주의, 국가주의, 애국주의를 기본 바탕으로 삼고 있다.

CHAPTER 7

양계초 사상과 한국 근대교육사상

1. 양계초의 저작과 한국의 전파

2. 근대 한국교육사상가에 대한 영향

근대시기 한국의 외래문화 수입 경로는 일본, 서구, 중국의 3갈래로 볼 수 있다. 이 세 가지 길이 모두 한국 근대사회에 많은 영향을 끼쳤지만, 특히 중국의 영향은 그 셋 중에서 가장 컸던 것 같다. 그리고 한국이 중국으로부터 사상적 영향을 받는 과정에서 양계초의 영향을 많이 받았다.

양계초의 애국 애족 관련 문장들이 한국의 개화사상가들에게 막대한 영향을 끼쳤음은 여러 학자들에 의해 지적되어왔다.[1)] 양계초는 신채호(申采浩), 박은식(朴殷植), 유인식(柳寅植) 등 수많은 한국학자들에게 위기의식을 일으키고, 역사의식을 일으키며, 더 나아가 애족적 민족운동을 일으키게 하는 자극을 주었다. 여기서는 양계초의 사상이 당시 한국 사상계에 어떻게 전파되었는지 그리고 그의 사상이 교육 방면에 끼친 영향은 무엇인지를 살펴보고자 한다.[2)]

1) 신일철, 신채호의 자강론적 국사상, 「한국사상」 10, 1972
정순목, 한국개화교육의 이상과 전개, 「한국교육연구」 제1집, 한국정신문화연구원, 1980
이광린, 한국개화사연구, 일조각, 1979
황종동, 양계초연구, 영남대 박사학위논문, 1982 등의 연구물 참고.

1. 양계초의 저작과 한국의 전파

양계초가 한국에 처음 소개된 것은 1897년 2월15일 「대조선독립협회회보」 제2호에 「청국형세가비(淸國形勢可悲)」라는 문장이 실리면서 부터이다.

> 청나라 신회인(新會人) 양계초가 시사에 비분하여 작년에 「폴란드망국사」를 빌어 세계에는 다른 나라를 빼앗아 강호를 넓히고, 군대들이 서로 다른 나라를 궤멸시키는 나라가 하나뿐이 아니라고 논설하였다. 그는 폴란드는 국내정세가 좋지 않아 약점이 많이 드러나고, 나라에 여우들이 생겨나 호랑이에 의지하여 자강하려다가 고기를 먹히게 되자, 서로 쳐다보며 망연자실할 뿐 아무런 대책도 세우지 못하고 아둔한 처지를 당했으니 그럴 수밖에 없을 것이다. 자강에 힘쓰지 않고 큰 나라의 치마 밑에 의지해서 타인의 보호를 받자고 했으니 오호, 속히 망할 수밖에 없었구나 하였다.

이 글에서는 자강(自强)을 도모하지 않고, 강대국에 의지

2) 제7장 양계초사상과 한국근대교육사상은 구자억, 한국의 근대교육사상과 중국의 근대교육사상의 교섭관계분석(「비교교육연구」 제8권 제2호, 1998, 12)을 본서의 취지에 맞게 재구조화하여 제시한 것임

하고자 하는 어리석은 자구책을 쓰면 오히려 망국을 초래할 것이라고 말하고 있다. 이 글이 실린 후 많은 한국의 애국계몽사상가들은 양계초를 알게 되었고, 그를 주목하게 된다.

양계초는 무술정변(戊戌政變) 이후 일본에 망명하여 1898년 그곳에서 「청의보(淸議報)」를 창간하였다. 거기서 그는 열정적으로 청정부내의 수구세력을 비판하고, 또 광범위하게 서양사상을 소개하였다. 이 소식은 「황성신문(皇城新聞)」을 통해 한국에도 알려졌다.[3] 그리고 「청의보」는 서울과 인천에 판매와 보급하는 곳을 두고 있었으므로 이 신문은 발간되는대로 한국에 들어왔다.

양계초는 1902년 새로이 「신민총보(新民叢報)」를 창간하였는데, 이것도 한국에 판매처를 두고 있었다.[4] 이 신민총보에서 그는 평이하고 유창한 문장으로 구사상의 타파와 신사상의 선전에 힘썼다.

「음빙실문집(飮氷室文集)」은 양계초가 1896년부터 1902년까지 7년간 시무보, 신민총보 등에 게재한 글을 모은 것이

---

3) 1899년 1월13일 한국의 「황성신문」 2권8호의 보도를 보면 다음과 같이 양계초의 글에 대해서 소개하고 있다.

「淸議報」爲滯留橫濱的淸國人所辦, 去年臘月二十三日創刊, 記者梁啓超氏卽上海「時務報」執筆者. 創刊號發表「支那哲學新論」, 「淸國政變始末」二文, (중략) 痛論時局, 內警大淸四百兆民人之惰眠, 外予東邦諸識者以敎導.

(張璉瓌, 梁啓超著作在朝鮮的傳播, 「朝鮮研究文集」, 1983年 第2輯, 221쪽)

4) 張朋園, 「梁啓超與淸季革命」, 298쪽

다. 이 문집도 역시 한국에 들어왔고, 그 속에 들어있는 글은 각종 잡지에 전재되거나 혹은 번역되어 실리게 되었다.

한말의 애국계몽사상가들이 양계초의 언론을 중시함에는 당시 한국이 당면한 정세와 관련이 있다. 마관조약(馬關條約)[5] 이후 한국은 이미 일본의 조정하에 있었다. 그리고 당시의 봉건통치 집단 내부도 친일, 친러 등의 계파로 나뉘어 심각한 투쟁을 하고 있었다. 또, 1895년 10월에는 일본인이 왕궁에 들어가 민비를 살해하였다.

이와 같은 상황 속에서 한국의 애국인사들은 적극적으로 구국의 방법을 모색하기 시작하였다. 그리고 이러한 국가적 상황은 자연히 진화론에 입각한 양계초의 사상에 공감을 갖게 되었다. 그러나 그때까지만 해도 일부 지식인이 양계초 사상의 영향을 받고는 있었지만 커다란 영향을 끼치는 상황은 아니었다. 그러다가 1905년의 한일병자수호조약 이후 상황은 급변하게 된다. 왜냐하면 한국에 망국의 기운이 드리우게 되었기 때문이다.

시국이 급박하게 되자 한국의 애국계몽사상가들은 양계초의 글을 소개하거나, 그의 글을 통해서 국민을 계몽해 위기를 극복하려고 시도하기 시작하였다. 한국의 여러 신문이나 잡지들이 경쟁적으로 양계초의 글들을 싣기 시작했다. 이 시기에 신문 등에 실리거나 번역된 양계초의 글

5) 중국 청나라와 일본이 청일전쟁 후 맺은 조약

들 중 번역되지 않고 원문 그대로 소개된 글들은 다음의 〈표 1〉과 같다.

〈표 1〉 양계초 논저를 소개한 신문, 잡지

작품명	신문, 잡지명	연도
自勵, 大同志學會序	西友 제1호	1906
論報館有益于國事	大韓自强會報 제7, 8호	1907
動物談	西友 제3호	1907
唯心論	西友 제4호	1907
詩三首	西友 제5호	1907
梁氏學說(學理摭言)	湖南學報 제1호	1908
教育辯論	湖南學報 제1호	1908
教育政策私議	湖南學報 제4호-7호	1908
記斯賓塞論日本憲法語	大韓協會會報 제1호	1908

자료: 西友(영인본), 한국문헌연구소 편, 아세아문화사, 1976
大韓自强會報(영인본), 한국문헌연구소 편, 아세아문화사, 1976
大韓協會會報 제1호(1908. 4)-제12호(1909-3)
張璉瓌, 「梁啓超著作在朝鮮的傳播」, 220-226쪽

앞에 소개된 글들은 모두 한문으로 소개된 것들이다. 대략 12편 정도가 소개되었는데, 한문으로 되어있어서 일반인들은 읽기가 쉽지 않았다. 그리하여, 한글을 사용한 번역본이 나오게 되는데 이는 애국계몽사상가들이 볼 때 일반 국민들도 양계초의 글을 읽어야만 한다고 보았기 때문이다. 당시 한국에 번역, 소개된 양계초의 논문은 20편쯤 된다. 소개된 논문을 보면 대개 정치, 교육, 사회개조 방면의 글로써 당시 한국사회의 개혁에 도움이 되는 글들이었다. 우리나라에 번역, 소개된 양계초의 논문은 다음의 〈표 2〉를 참고하기 바란다.

〈표 2〉 한국에 번역, 소개된 양계초의 논문

작품명	출판물명	번역자	연도	비고
愛國論	皇城新聞	張志淵	1906	
教育政策私議	大韓自强會會報 제3, 4호	張志淵	1907	
學校總論	西友 제2-5호	朴殷植	1907	
學校總論	大韓協會會報 제3-6호	洪弼周	1907	"氷集節略"이라는 제목하에 역술
愛國論第一	西友 제2호	朴殷植	1907	
論學會	西友 제4호	李甲	1907	
史記貨殖列傳今義	大韓自强會會報 제10-12호	金成喜	1907	"理財說" 제목하에 역술
論幼學	西友 제6-10호	朴殷植	1907	
世界最小之民主國	幼學必讀卷二	玄采	1907	
羅蘭夫人傳	大韓每日申報	佚名	1907	연재
保教非所以尊孔論	大同日報 4호		1907	
中國魂	共和新報	心農	1907	
變法通議序	大韓協會會報 제2호	洪弼周	1908	
世界最小之民主國	西北學會月報 제2호	呼生	1908	
教育次序第一	湖南學報 제1호	李沂	1908	

立憲法議, 立法權論, 政治學學理摭言	湖南學報 제2-9호	李沂	1908	"政治學說" 제목하에 역술
論師範	大韓協會會報 제9호	洪弼周	1908	
論毅力	西北學會會報 제10, 11호	佚名	1909	"氷集節略"이라는 제목하에 역술
霍布士學案	畿湖興學會月報 제6-10호	李春世	1909	
國民十大元氣	大韓協會會報 제12호	洪弼周	1909	"氷集節略" 이라는 제목하에 역술
支那梁啓超新民說	嶠南教育會雜誌 제1권 1호	李鐘冕	1909	

자료: 황성신문(영인본), 한국신문연구소 편, 아세아문화사, 1973
서우(영인본), 한국문헌연구소 편, 아세아문화사, 1976
대한자강회회보(영인본), 한국문헌연구소 편, 1976
서북학회월보(영인본), 한국문헌연구소 편, 아세아문화사, 1976
대한매일신보, 1904. 8. 4-1910. 8. 11
대한협회회보, 제1호(1908. 4)-제12호(1909. 3)
정순목, 한국개화사상의 이상과 전개, 108-137쪽
張璉瓌, 「梁啓超著作在朝鮮的傳播」, 220-226쪽

한편 이 시기 양계초의 저서들도 번역, 출판되었다. 이 시기 번역 출판된 양계초의 저서들은 무술정변기(戊戌政變記) 등 10여 종에 이른다.

〈표 3〉 한국에서 번역 출판된 양계초의 저서

작품명	출판사	번역자	연도	비고
戊戌政變記	普成社	玄采	1906	
越南亡國史	普成社	玄采	1906	다음해 재판
羅蘭夫人傳	博文書館	佚名	1907	다음해 재판
伊太利建國 三杰傳	廣學書鋪	申采浩	1907	
飮氷室自由書	塔印社	全恒基	1908	
匈牙利愛國者	博物書館,	李輔相	1908	
噶蘇士傳	中央書館			
生計學說(生計學說沿革小史)	右文館	李豊鎬	1908	
中國魂	大邱石寶鋪	張志淵	1908	
越南亡國史	周時經		1907	완전 한글 (3판 출판)
伊太利建國 三杰傳	周時經		1908	완전한글

자료: 張璉瓌, 「梁啓超著作在朝鮮的傳播」, 220-226쪽
金柄珉 外, 梁啓超與朝鮮近代小說, 朝鮮學, 韓國學與中國學, 朝鮮學-韓國學叢書, 中國社會科學出版社, 1993, 311-327쪽
이광린, 한국개화사상연구, 일조각, 1979, 261-262쪽

이상의 책들은 그 당시 사상계와 지식인 사회에 널리 유포되어 읽히었고, 또 민족의식과 독립사상을 지닌 인사들 사이에서 크게 각광을 받았다. 예를 들어 양계초의 신민사상은 독자에게 큰 자극을 주어 1907년 안창호의 주창으로 신민회(新民會)가 조직되도록 했다. 뿐만 아니라 신채호(申采浩), 박은식(朴殷植) 등의 애국적 자강론은 그 원천을 양계초의 사상에서 찾을 수 있다. 특히 신채호의 민족사적

역사이론이 펼쳐져있는 「조선상고사」는 양계초의 중국역사연구법의 영향을 깊이 받은 작품으로 볼 수 있다.[6)]

이와 함께 양계초의 글들을 취재(取材)로 해서 많은 글들이 쓰이기 시작했는데 예를 들면 1907년 「서우(西友)」 제12호의 김하염(金河琰)이 쓴 「모험용진위청년천직(冒險勇進爲青年天職)」은 양계초의 「논진취모험(論進取冒險)」을 취재로 해서 쓴 것이다. 또 「호남학보」 제4호에 실린 최동식(崔東植)의 「신종보경독(晨鐘普警讀)」은 「신민설(新民說)」을 취재로 해서 쓴 것이다. 이외에도 양계초의 글을 취재로 해서 쓴 글들이 많이 있다.

2. 근대 한국교육사상가에 대한 영향

양계초의 사상이 근대 한국의 교육사상가에게 끼친 영향은 여러 가지 방면에서 지적할 수 있다. 가장 중요한 것은 당시의 시대적 상황이 양계초의 사상에 매력을 느낄 수밖에 없었고, 따라서 그의 사상은 교육사상 전 영역에 걸쳐 광범위한 영향을 끼쳤다는 사실이다. 여기서는 양계초의 사상이 교육사상계에 끼친 영향을 진화론, 신민사상, 교육

6) 신일철, 「신채호의 민족사적 역사이론」, 성곡논총 5, 216-245쪽

적 주장의 세 부분으로 나누어 제시하고자 한다.

1) 진화론의 수용과 양계초

근대시기 우리가 진화론을 본격적으로 받아들이기는 1900년대 부터였다. 이러한 진화론을 한국은 중국으로부터 소개받은 측면이 강하다.

중국에 진화론이 처음 소개되기는 청일전쟁 뒤였다. 엄복(嚴復)이 헉슬리(huxley)의 진화와 윤리(evolution & ethics and essays)를 「천연론(天演論)」이라는 이름으로 번역함으로써 소개되었던 것이다. 그러나 엄복이 헉슬리의 책을 번역했지만, 스펜서(spencer)의 이론을 빌어 헉슬리의 이론을 비판하거나, 또 스펜서의 이론을 소개하고 있다. 따라서 엄복은 헉슬리의 주장보다는 스펜서의 주장에 더 공감을 느끼고 있었다고 할 수 있다. 이러한 천연론은 한국에 들어왔을 것으로 생각된다. 그런데 한국의 지식인들은 천연론보다는 오히려 진화론을 흡수한 양계초의 글로써 더 큰 영향을 받았던 것이다.[7)]

진화론은 제국주의 열강의 각축 속에서 적자생존(適者生存)하자면 힘이 전제되어야 한다는 논리를 띄고 있기 때문에 위기의식에 크게 호소할 수 있는 사상이었다. 따라서

7) 이광린, 한국개화사상연구, 69쪽

한국에서 진화론은 부국강병을 정당화하고, 민족주의를 뒷받침하는 이론으로 발전하였다. 특히 일본제국주의의 침략에 의해 나라가 멸망의 위기에 처한 환경에서 약육강식하고 적자 생존한다는 진화론의 원리는 당시 한국의 현실에 꼭 필요한 이론으로써 환영을 받았다.

한국에서 양계초의 글이 널리 읽혀지면서 자연히 진화론도 함께 받아들이게 되었다. "생존경쟁(生存競爭)", "우승열패(優勝劣敗)"라는 말이 유행어가 되고, 자주 사람들의 입에서 거론 되었다. 잡지에 진화론을 소개하는 글도 많이 발표되었다.[8] 그리고 잡지이외에서도 진화론을 설명한 글이 많이 발표되었고, 또 그것은 서울에서 뿐만 아니라, 지방에서도 발표되었다.

한편 진화론을 직접 소개하거나 진화론을 토대로 쓴 단

---

8) 잡지에 실린 진화론 관련 문장에는 다음과 같은 것들이 있다.
조종관, 「동물의 진화론」, 공수학보(창간호), 1907
박유병, 「진화론」, 공수학보 2호, 1907
구자학, 「생존경쟁」, 공수학보 5호, 1907
윤태영, 「진화론대의」, 야뢰 5호-6호, 1907
윤효정, 「생존의 경쟁」, 대한자강회월보 11호, 1907
원영의, 「정치의 진화」, 대한자강회월보, 1권 5호, 7호, 8호, 9호, 10호, 2권 1호, 2호, 1908-1909
김영기, 「적자생존」, 대한흥학회(창간호), 1909
나홍석, 「論社會進化之原則하여, 次慰我志士同胞」, 대한흥학회, 1909
강하형, 「進化之由」, 교남교육회잡지 2권10호, 11호, 1910
이수삼, 「동물진화의 개의」, 보중친목회보 1호, 1910
(이광린, 한국개화사상연구, 264쪽)

행본이 여러 권 출판되었다. 예를 들면 「인군진화론(人群進化論)」, 「세계진화사(世界進化史)」, 「족제진화론(族制進化論)」, 「문명진화론(文明進化論)」, 「19세기구주문명진화론(十九世紀歐洲文明進化論)」, 「진명휘론(進明彙論)」 등이 그것이다.

이러한 진화론의 수용은 당시 한국의 계몽사상가들에게 교육의 중요성에 대한 새로운 인식을 심어주었다. 교육학에 진화론을 도입한 글들도 여기저기 나타났다. 유근(柳瑾)의 「교육학원리」, 원영의(元泳義)의 「교육신론」과 같은 논설은 그 대표적인 예이다.

당시 일제를 비롯한 열강의 침략이 강화되면서 국권이 상실되어가자 당시의 계몽사상가들은 그 원인을 우리가 제국주의의 침략에 대항할 수 있는 근대적 실력을 일찍부터 배양하지 못했다는 점에서 찾았다. 따라서 그들은 민족의 국권회복 역량을 기르기 위해서는 신교육을 실시하는 것이 가장 효과적인 방법이라고 생각하게 되었다. 그들은 민족의 성쇠나 국가 존망의 열쇠가 오직 교육 여하에 달려 있다고 확신하고 있었다. 훌륭한 교육을 통해 민지를 계발하고, 인재를 배양하게 되면 국가도 강해지게 된다는 철학이었다. 그리고 이와 같은 사실은 역사적으로 또는 지구상의 여러 나라의 흥망성쇠를 보더라도 분명하다고 보았던 것이다. 따라서 당시의 계몽사상가들은 진화론의 논리에 입각하여 생존경쟁을 하늘이 펴는 이치로, 우승열패(優勝劣

敗)[9]를 통례로 받아들이면서 교육의 중요성을 강조하였다.

2) 신민사상의 수용과 양계초

신민사상이란 국민의 정신과 자세를 새롭게 하려는 사상이라고 할 수 있다.

당시 한국의 애국계몽사상가들은 국가와 민족이 처한 위기를 극복하기 위해서는 무엇보다도 먼저 국민들의 정신과 자세를 새롭게 바꾸는 것이 중요하다고 보았다. 즉 전국민을 신 국민으로 만들어서 그들이 가지고 있는 민지(民智)를 계발하고, 민력(民力)을 양성하여, 자강을 실현하여야 일본제국주의에 대항할 수 있고, 또 경쟁에서 승리할 수 있다고 보았다. 여기서 신 국민을 양성하는 일은 어떻게 보면 정신 혹은 도덕혁명을 제창한 것이라고 할 수 있다.

그런데 당시 한국의 애국계몽사상가들이 이러한 신민의 양성을 주장한데에는 직접적으로 양계초의 영향이 있었다고 할 수 있다.

1898년 일본에 망명하였던 양계초는 한때 미국으로 갔다가 1902년 일본에 돌아와 「신민총보」라는 잡지를 간행하였다. 그는 이 잡지에서 「신민설」을 연재하고, 신민사상을 고취하였던 것이다. 「신민양성이 금일 중국의 제일 급선무

---

9) 우월한 자가 승리하고, 열세한 자가 패배한다.

(論新民爲今日中國第一急務)」라는 글을 비롯하여, 공덕(公德), 국가사상, 진취, 모험정신, 권리사상, 자유, 자치, 자존, 합군(合群), 의력(毅力), 의무, 상무정신, 자아수양 등을 논하면서 신민을 역설하였다. 그의 신민설은 「신민총보」와 「음빙실문집」이 한국에 들어오면서 한국의 애국계몽사상가들에게 널리 읽혀지고 또 공감을 얻게 되었다. 우선 「대한매일신보」 1910년 7월5일의 논설을 보면 「금일 한국은 신민이 급하다.」라는 제목 하에 신민양성의 필요성을 역설하고 있다.[10)]

또 같은 신문 1909년 6월4일 논설에서 「한국의 신국민」이라는 제목으로 신국민을 조성하자고 하고 있다. 그리고 신민의 목적은 어려운 시국을 극복하고 국민을 능력 있고, 용감하게 만들어 앞으로 나아갈 수 있도록 하는데 있다고 쓰고 있다.[11)] 계몽사상가인 신채호는 신국민설을 주장하고, 경쟁시대에 한국이 승리하기 위해서는 먼저 신국민의 역량이 배양되어야 한다고 했다. 그는 그의 글 「20세기 신국민」[12)]에서 다음과 같이 주장하고 있다.

> 20세기의 국가경쟁은 그 국민 전체에게 있다. 따라서

---

10) 대한매일신보, 1910년 7월5일

11) 대한매일신보, 1909년 6월4일

12) 신채호선생기념사업회, 신채호전집, 개정판(별권), 형설출판사, 1977, 210-231쪽

> 그 승패의 결과가 한 개인에게 있는 것이 아니고, 그 국민 전체에 있다. 정치가는 정치로 경쟁하며 (중략) 실업가는 실업으로 경쟁하며, 혹은 무력으로 하며, 혹은 학술로 한다. 그 국민 전체가 우(優)한 경우에는 승리하고 열(劣)한 경우에는 패배한다.

신채호는 「20세기 신국민」을 통해 국민 각계각층의 외부에 대한 경쟁력과 분발심을 강조했다. 그러면서 그는 생존경쟁의 세계에서 한국민족이 살아남으려면 신국민이 되어야 함을 주장하고 있다.

> 오호, 쓸쓸한 바람이 불고, 궂은 비 내리는 삼천리강산은 색깔이 변하고 있다. 재난이 깊어짐 속에서 삼천만 동포는 울부짖는다. 이 한국이 어떻게 하면 승리의 노래를 부르고 잘 살 수 있는 안락한 가정을 가질 수 있을까? 어찌하면 부강의 기반위에 민국의 위령(威靈)을 빛낼 수 있을까? 그것은 오직 국민 동포들이 20세기의 신민(新民)이 되는 데 있다.

한편 1907년 4월에 「신민회」라는 단체가 비밀리에 조직되었다.[13] 이 단체는 애국계몽운동을 전개한 전국규모의

13) 신민회가 비밀리에 조직되었던 것은 당시 일본 제국주의가 합법적인 국권회복

단체이다. 신민회는 안창호(安昌浩)의 발기에 의하여 양기탁(梁起鐸), 이갑(李甲), 전덕기(全德基), 신채호(申采浩), 박은식(朴殷植), 이종호(李鍾浩) 등이 중심이 되어 조직되었다. 신민회의 회원은 전국에 걸쳐 약 800여명에 달하여 당시 전국 각지의 개화자강파 인사는 대부분 포함되어 있었다. 1908년과 1909년에는 이 단체의 자매기관으로 대성학교, 태극서관, 청년학우회 등이 설치되었다. 그런데 우리들의 관심을 끌게 하는 것은 신민회와 청년학우회를 조직하게 된 근본취지이다. 물론, 신민회는 비밀리에 조직하였던 만큼 공개된 설립취지문은 남아 있지 않다. 그러나 당시의 신민회의 각종 주장을 살펴보면 그 취지를 알 수가 있다. 신민회는 국권회복을 그 목적으로 삼고, 이를 위하여 실력양성과 기회를 중시하였다. 그리고 실력을 양성하기 위해서는 국민을 새롭게 해야 한다고 주장하였다. 즉, 그들은 "신국민"을 만들어내야 한다고 생각하였다. 신민회가 주장한 실력은 국민의 실력, 즉 민력(民力)이었다. 그들은 국민의 실력양성을 위해서는 국민들을 모든 부문, 즉 지식, 사상, 관습, 경제, 정치, 문화, 원기(元氣) 등에서 새롭게 하여 부강케 해야 한다고 생각하였다. 즉 그들에게 있어서 실력양성의 의미는 신민을 양성하는 것이었으며, 이 신민은 반드시 자기 스스로의 힘으로 스스로를 새롭게 해야 한다는

운동을 못하도록 금하는 상황 때문이었다.

것이다.[14] 이를 보면 국민 각자가 도덕적으로 수양을 쌓아 자격 즉, 실력을 갖추고 그래야만 국권회복과 자주독립을 쟁취할 수 있으므로 신민회는 바로 그러한 목표를 갖고 있었다고 보아야 할 것이다. 따라서 신민회는 국민의 정신 혹은 도덕의 혁명을 이룩해 보려는데 목적을 두었던 단체라고 할 수 있다.

이러한 신민회의 내용을 보면 양계초의 신민설이 이 모임의 기초가 되었음을 알 수 있다. 이와 함께 신민회의 발기인이었던 안창호도 양계초의 주장에 공감하고 있었던 것 같다. 다시 말하면 양계초가 중국에 대해 말한 것을 한국에도 역시 적용시킬 수 있다고 믿었던 것 같다. 예를 들어 대성학교의 교과서로 「음빙실문집」을 채택하고 있었다든가 또 다음과 같은 일화를 통해서도 그 사실을 알 수가 있다.

삼남지방 출신인 유지가 안창호를 찾아와 나라 일을 하고 싶은데 무엇을 하면 좋겠는지 모르겠다고 할 때에 안창호는 "크게 용빼는 일만이 나라 일이 아니오, 양계초가 만든 음빙실문집이란 책이 있으니 그것을 우선 몇 권 사서 삼남에 있는 유명한 학자에게 주어서 읽게 하시오. 그것이 나라 일이오."라고 타일렀다는 것이다.[15]

14) 신용하, 신민회의 창건과 국권회복운동, 「한국학보」 8-9집, 1977
15) 이광린, 한국개화사상연구, 279쪽

그런데 안창호는 양계초의 여러 주장가운데에서 신민설을 가장 좋게 받아들였던 것 같다. 단체를 설립하면서 특별히 신민회라고 이름을 붙인 것으로도 그렇게 말할 수 있을 것 같다. 그러니까 국민들에게 신민사상을 보급하고, 실천시킬 목적으로 신민회를 설치하였던 것이라고 볼 수 있다.

3) 당시의 교육적 주장과 양계초

당시 한국에서는 새로운 교육을 통해서 국가와 민족을 구해야만 한다는 주장들이 사회에 통용되고 있었다. 그리고 그 시기에 한국의 애국계몽사상가들에게 커다란 영향을 준 사상이 양계초의 사상이었다. 따라서 양계초의 교육과 관련한 논술들이 번역 소개되고, 또 그의 글을 취재로한 문장들이 출현하기 시작하였다. 당시 한국에서 번역, 소개된 양계초의 교육관련 논술들은 다음의 〈표 4〉와 같다.

표를 보면 양계초가 발표했던 교육관련 중요 논문들은 대체로 번역, 소개되어 있음을 알 수 있다. 특히 양계초의 「교육정책사의(教育政策私議)」와 「학교총론(學校總論)」은 두 차례 이상이나 당시의 신문, 잡지 등에 소개되는 등 중요하게 취급되었다.

〈표 4〉 한국에 소개된 양계초의 교육관련 문장

문장명	발표지명	역자	시간	비고
教育政策私議	대한자강회회보 제3, 4호	장지연	1906	
學校總論	서우 제2-5호	박은식	1907	
	대한협회회보 제3-6호	홍필주	1907	
論幼學	서우 제6-10호	박은식	1907	
變法通義序	대한협회회보 제2호	홍필주	1908	
教育次序第一	호남학보 제1호	이 기	1908	
論師範	대한협회회보 제9호	홍필주	1908	
教育辯論	호남학보 제1호	–	1908	원문
教育政策私議	호남학보 제4-7호	–	1908	원문
支那梁啓超	교남교육회잡지	이종면	1909	
新民說	제1권 제1호			

이와 함께 양계초의 교육방면의 문장을 취재(取材)로한 문장들도 나타났는데, 박은식이 서우 5호에 발표한 「사범양성의 급무」는 양계초의 「논사범(論師範)」을 취재로 해서 쓰여진 것이었다. 또 서북학보 제15호에 실린 김하염(金河琰)의 「여자교육의 긴박임무(女子教育之緊迫任務)」는 양계초의 「논여학(論女學)」을 취재로 한 것이었다. 또 서우 제6호에 실린 이도재(李道宰)의 「경고양서사우(警告兩西士友)」의 일부분은 양계초의 「학교총론(學校總論)」을 취재로 해서 쓰여진 것이었다.

특히 박은식의 경우는 「사범양성의 급무(師範養成的急務)」

를 양계초의 문장을 취재로 하여 쓴 외에, 양계초의 「학교총론」, 「논유학(論幼學)」을 번역하여 장기간에 걸쳐 잡지에 연재하였다. 이를 볼 때 박은식의 교육사상은 양계초의 교육사상의 영향을 적지 않게 받고 있음을 알 수 있다. 또 홍필주도 양계초의 「학교총론(學校總論)」, 「변법통의서(變法通議序)」, 「논사범(論師範)」 등을 번역 소개하고 있는데, 이를 볼 때 홍필주도 양계초교육사상의 영향을 많이 받고 있었음을 추측할 수 있다. 정순목은 당시 한국에서 잡지에 실린 109편의 교육관련 논설을 분석하고서, 대부분의 논조가 양계초와 일본의 후쿠자와 유키치(福澤諭吉)[16]의 영향을 크게 받은 듯하다고 지적하고 있다.[17] 이런 여러 가지 정황을 놓고 볼 때 당시 한국의 신교육에 대한 구상은 상당부분이 양계초의 영향을 받은 것이라고 볼 수 있다.

한편 역사의 중요성을 새롭게 인식하고, 역사, 국사교육을 강조하게 된 것도 양계초와 관련이 있다. 당시 한국의 민족사학자들도 역시 당시의 일반 지식인들과 같이 양계초의 영향을 많이 받고 있었다. 그래서 신문이나 잡지에 논문을 쓸 때 「음빙실문집」을 참고서처럼 사용하였다.[18] 또 양계초의 역사관련 저작물을 번역, 소개하였다. 그리고

16) 근대 일본의 대표적인 계몽사상가

17) 정순목, 한국개화교육의 이상과 전개, 109쪽

18) 신용하, 한국근대사회사상사연구, 일지사, 1987, 282쪽

진화론을 바탕으로 역사와 현실을 알아내고자한 양계초의 "신사학"을 받아들였다. 양계초는 인군진화(人群進化)의 현상을 서술하면서 공리공례(公理公例) 즉, 법칙을 구하는 학문이 역사라고 정의한바 있다.[19] 여기서 인군(人群)이라 하면 집단을 가리킨다. 그러므로 역사란 개인보다는 집단의 진화를 살피면서 법칙을 구해야 된다는 것이었다. 이렇게 보면 양계초의 신사학은 진화와 집단을 중요시하였다고 할 수 있다. 양계초의 이러한 신사학을 민족사학자들은 받아들였다.[20] 그리고 양계초의 신사학의 관점에 따라 새로

19) 夏曉虹, 梁啓超文選 上册, 522-525쪽
第一, 歷史者, 敍述進化之現象也. (중략) 第二, 歷史者, 敍述人群進化之現象也. (중략) 第三, 歷史者, 敍述人群進化之現象, 而求得其公理公例者也.

20) 당시 우리나라의 민족사학자들이 양계초의 신사학을 받아들이기는 하였지만, 그 신사학의 해석은 양계초와 조금 달랐다.
양계초의 최대의 관심은 중국정부 혹은 사회의 개혁에 있었다. 그가 직접 무술정변에 참가했던 사실로써도 알 수 있다. 그리고 중국사를 시대구분하기를 黃帝 이전을 야만자유시대, 황제에서 진시황까지를 귀족제정시대, 진시황에서 청의 건륭까지를 군권극성시대, 그 아래로 오늘날까지를 문명자유시대라고 하였다.
양계초와는 달리 우리나라 민족사학자들의 관심은 한국민족의 현실이었다. 제국주의 국가의 침략으로 한국민족이 멸망의 위기에 처해있던 현실이었다. 어떻게 해야 한국민족을 위기에서 구출해야 될 것인가에 온 관심을 쏟고 있었다. 그리하여 양계초 신사학의 원칙, 즉 진화와 단체에서 민족사학자들은 단체는 민족으로, 진화는 생존경쟁(투쟁)이 그 중심이 되는 사상으로 파악하였다. 따라서 한국사란 한국민족이 다른 민족과의 경쟁 혹은 투쟁 속에서 어떻게 발전되어 왔는가를 살펴야 되는 것이라고 주장하였다.
요컨데 민족사학자의 史觀, 즉 민족사관은 민족과 경쟁이 중심을 이루고 있다고 할 수 있다. 민족이 없거나 경쟁이 없어서는 역사가 만들어질 수 없는 것이었다. (신용하, 한국근대사회사상연구, 283-284쪽 참조)

운 역사서를 구상하고 집필하였으며, 새로운 역사서를 국민들에게 읽히고, 학교에서 교육하게 함으로써 민족정신을 기르고, 애국심을 기르고자 하였다.

한편, 민족정신과 관련하여 영웅의 중요성이 강조되었다. 민족정신을 구현할 수 있는 인물이 영웅이라고 보았기 때문이다. 이는 양계초의 영웅사관과 같은 입장을 보이고 있다. 박은식은 영웅의 숭배를 강조하거나, 신채호는 그의 저서 「을지문덕」에서 영웅이 역사에서 큰 역할을 하기 때문에 한국에도 영웅이 등장해야 된다고 주장하였다. 그리하여 신채호는 을지문덕, 최영, 이순신 등 주로 이민족과 대항하여 나라를 지킨 영웅의 전기를 저술하였다. 이와 함께 소설의 기능을 인정하고, 소설교육의 중요성을 강조하게 된 것도 양계초의 영향임을 부인할 수 없다. 양계초는 1902년 「소설과 군치의 관계를 논함(論小說與群治之關係)」을 발표하였다. 여기서 그는 소설의 사회기능과 작용을 강조하였다. 양계초가 제출한 소설의 사회지위를 제고하고, 소설의 사회기능을 강조한 소설혁명의 사상은 한국에 전파되어 강렬한 반향을 불러일으켰다. 당시 한국의 박은식, 신채호, 장지연 등은 애국계몽사상가이면서 작가였다. 그들은 적극적으로 양계초의 관점을 접수하고, 크게 소설혁신을 제창하였다. 그리고 소설혁신을 통하여 국민을 새롭게 교육시켜 국가를 위기로부터 구하고자 하였다. 박은식은 양계초의 정치소설을 번역하고 또 스스로 소설을 썼다. 박은식은 그가 번역한 「서사삼국지(瑞士三國志)」의 서문에서 말하기를,

> 소설은 가장 쉽게 사람을 감동시키고, 가장 깊이 사람을 그 속에 빠져 들어가게 하며, 풍속과 계급과 교화의 정도가 세상에서 제일 깊다. 그러므로 서양의 한 철학자는 그 나라에 들어가 어떤 소설이 성행하는가를 물으면 그 나라 사람들의 인식과 풍속, 정치사상이 어떠한가를 알 수 있다고 하였다. 그러므로 영국, 프랑스, 독일, 미국에서는 학교가 가득 서고, 도서관이 여기 저기 서서, 일체의 게으른 백성들을 진화시키는 방법을 쓰고 있다. 소설을 매개로 모든 남자와 여자들의 경종(警鐘)으로, 독립, 자유의 대표로 삼는다. 동양의 일본은 명치유신의 기회에 일반 학사들이 소설 창작에 몰두하여 국가적인 성격을 양성하고, 민지를 인도하였다.

박은식의 이 서문은 기본상 양계초의 「역인정치소설서(譯印政治小說序)」 중의 주요 관점을 취재로 해서 쓴 것이다.[21] 박은식은 소설을 정치개량과 국민자성의 유력한 방법으로 여겼다.

---

21) 金柄玟 外, 「梁啓超與朝鮮近代小說」, 316쪽

양계초의 소설관은 신채호에게도 영향을 미쳤다. 그는 1907년 양계초의 「이태리건국3걸전(伊太利建國三杰傳)」을 번역하였다. 이 책은 비록 번역서이기는 하지만 국민적인 애국심과 자주독립사상을 고취하고 있다.

신채호는 그가 쓴 「지금 소설가의 주의(近今小說家的注意)」에서 소설을 국민의 혼이라고 극찬하고 있다. 그리고 그의 논조와 내용은 거의 양계초의 소설혁신의 주장과 같다.[22] 특히 그는 「소설가의 추세」라는 글에서 "소설은 국민의 나침반"이라고 하고, 그래서 "소설이 국민을 강한 방향으로 이끌면, 그 국민이 강해지고, 소설이 약한 방향으로 인도하면 그 국민이 약해진다. 또 소설이 국민을 바른 방향으로 이끌면, 그 국민은 바른 국민이 되고, 소설이 국민을 악한 방향으로 이끌면, 그 국민은 악하게 된다."[23]고 하였다. 이러한 신채호의 소설에 대한 관점은 양계초의 입장과 맥을 같이한다. 그리고 이것은 소설이 국민의 계몽에 훌륭한 역할을 할 수 있다는 소설교육의 관점을 드러낸 것이라고 볼 수 있다.

---

22) 그가 「近今小說家的注意」에서 지적한 것을 보면 명확히 알 수 있다.
"영웅호걸들의 체구를 도와 천하의 대업을 완성하는 것은 하등사회로부터 시작해야 한다. 소설은 사람의 마음을 움직이게 하는 힘을 가지고 있으니 어찌 소설을 소홀히 할 수 있겠는가?병약하고 음탕한 소설이 많이 나오면 그 국민들이 그에 영향을 받고, 호협하고 강개한 소설이 많이 나오면 그 국민이 그런 것에 영향을 받는다. 그러므로 사유(四儒)들이 말한 소설이 국민의 혼과 맞아 떨어진다."

23) 金柄珉 外, 「梁啓超與朝鮮近代小說」, 317쪽

CHAPTER 8

양계초의 교육사상사적 위치

1. 중국근대교육사상에서의 위치

2. 한국 근대교육사상에서의 위치

1. 중국근대교육사상에서의 위치

양계초는 앞에서도 보았지만 교육과 관련해서 다양한 업적을 남겼을 뿐만 아니라, 기타 다른 분야에서도 활발한 활동을 전개하였다. 특히 교육 분야와 학술분야에서는 여러 면에서 선각자적인 입장에 서 있었다. 따라서 그의 교육사상과 교육활동 그리고 학술활동은 중국의 근대교육사상에 중요한 자리를 차지하고 있다고 할 수 있다.

첫째, 양계초는 중국근대사에서 그리고 중국의 근대교육사에서 광범위하고 심각한 영향을 끼친 대표적인 인물이다. 그는 일생 동안 봉건시대 그리고 봉건시대로부터 민주주의 시대로 넘어가는 시대를 모두 거쳤다. 그의 업적은 주요하게는 다음의 두 가지 방면, 즉 정치, 교육과 학술 방면에서 이야기할 수 있다.

정치상에서 그는 곡절도 많고, 교훈도 많은 생애를 보냈고, 학술, 교육상에서는 특히 만년에 탁월한 업적을 남겼다.

중국근대사에서 태평천국의 홍수전(洪秀全), 양수청(楊秀淸), 무술유신의 강유위, 양계초, 신해혁명의 손중산(孫中山), 황흥(黃興) 등은 "홍양(洪楊)", "강양(康梁)", "손황(孫黃)"으로 불린다.[1] 이런 사실을 보아서도 그가 중국근대사에서 명성이 높고, 영향이 대단히 컸다는 것을 알 수 있다.

중국근대사와 근대교육사에서 양계초는 신학(新學)을 제창하고, 구학(舊學)을 비판하였으며, 학교설립, 과거제도의 폐지 등을 주장하였다. 그는 또 신사학, 소설계의 혁명 등을 제창하였다. 서방의 정치학설과 사상 등을 전달하고 소개하였으며, 중국 봉건시대의 전통 관념과 역사를 연구하고 정리하는 방법을 비판하고, 새로운 역사연구법을 내놓기도 하였다. 그는 많은 책을 읽고 또 저작이 대단히 많은데 이는 동시대에 찾기 어려운 걸출한 면을 가지고 있었다. 물론 그가 정치상에서, 그리고 교육과 학술방면에서(특히 학술방면은 그의 후기를 말한다.) 여러 가지 결함과 부족한 면을 가지고 있었다고 할지라도 그의 역사적 공헌과 그가 중국근대교육사에서 차지하는 위치는 가볍게 취급될 수 없다.

둘째, 양계초는 호남 장사(長沙)의 시무학당(時務學堂)을 주지할 때, 교육내용과 방법을 대담하게 개혁하고, 유신변법의 이론을 선전하였으며, 봉건수구파의 구학(舊學)에 대

1) 周德昌, 梁啓超, 中國教育家評傳 第3卷, 293쪽

해서 맹렬한 비판을 가하였다. 그리고 이를 통해 호남시무학당을 당시 최고로 명성이 있는 학교로 만들었다. 당시 호남시무학당과 광주의 만목초당(萬木草堂) 그리고 북경의 통예학당(通藝學堂)은 모두 유신파가 유신변법이론을 선전하고, 인재를 배양하는 중요한 장소였다. 양계초는 짧은 학교 운영과정에서 하나의 교육개혁가로서 그리고 교육실천가로서 자신의 재능을 최대한 발휘하였다.

셋째, 무술변법운동기간에 특별히 "백일유신"의 고봉기에 강유위의 조수로써 양계초는 대단히 활발하게 선전가로서 또 조직가로써 탁월한 재능을 발휘하였다. 그는 시무보(時務報), 상보(湘報), 신지보(新知報) 등의 신문에 많은 문장을 발표하여 국민계몽에 일익을 담당하였다. 교육방면에서 양계초는 서양을 학습하고, 과거를 변화시키며, 학교를 세우고, 인재를 기르며, 민지(民智)를 계발할 것 등을 주장하였다.

백일유신의 교육개혁 내용은 주요하게는 팔고(八股)를 폐지하고, 서원을 개혁하며, 책론(策論)을 부과하는 것이었다. 또 학당을 세우고, 신저작, 신발명을 장려하며, 서적을 번역하고 신문사를 여는 것 등도 포함되어 있었다. 양계초는 이러한 백일유신의 교육개혁작업에 적극적으로 참여하였다.

전체 유신변법운동기간을 돌아보면서 우리는 한 사람의

교육가로서 양계초의 체취를 진하게 느낄 수 있다. 하나는 그가 봉건주의 교육의 문제를 돌파하려고 했다는 점이다. 이를 위해 교육제도의 개혁뿐만이 아니라 교육과정의 내용 방면에까지도 개혁의 손길을 뻗쳤다. 그리고 이러한 개혁을 위한 노력은 일정한 성과를 거두었다. 그는 다양한 학교 설치방안과 건의를 제출한바가 있는데, 그러한 방안이나 건의가 실제에 부합할 뿐만 아니라, 또 참신한 것이었다.

다른 하나는 교육개혁과 변법유신을 하나로 연결시켜서 고찰하였다는 점이다. 그는 당시 열강의 정치, 경제를 보고 중국이 이렇게 열강처럼 강대국이 되려면 국민의 교육 수준을 높이고, 전문 학식을 가진 지식인이 있어야 가능하다고 보았다. 그래서 양계초는 자본주의 교육개혁을 전략적 지위에 놓았다. 그의 이런 인식은 당시로 볼 때는 매우 선진적인 것이었다. 또 현대를 살아가는 우리에게도 시사하는 바가 크다.

넷째, 1899년에서 1903년은 양계초가 계몽사상가로써 황금시기였다고 할 수 있다. 그의 이 시기의 저작들은 젊은 이들에게 커다란 영향을 미쳤다. 이 기간에 그의 사상은 이미 스승인 강유위의 사상을 뛰어넘고 있었고, 그의 유려한 문장은 많은 젊은 지식인의 환영을 받았다.

양계초가 이 시기에 작성한 교육관련 논저는 대단히 많다.[2] 그중 「교육정책사의(教育政策私議)」는 포괄적으로 선진의 학교제도계통을 소개한 글로써, 교육이 반드시 학생의 연령특징과 신체발달상황을 고려해야 한다는 이론 그리고 서방의 교육행정관리의 제도와 방법을 담고 있다. 이 이론과 방법은 당시의 경우로 보면 모두 새로운 것들이다.

인구에 회자되었던 「신민설」은 많은 젊은이들에게 새로운 도덕관념을 고취시키는 데 기여하였다. 양계초는 "신국(新國)"을 만들려면 국민이 먼저 "신민(新民)"이 되어야 하는데, 이들 신민에게는 애국사상과 독립, 자유에 대한 분투정신, 진취정신, 강건한 의지 등이 필요하다고 강조하였다.

다섯째, 만년의 양계초는 정계로부터 교육, 학술계로 돌아오게 되는데 이때부터 정치상으로는 보수적이 되었지만, 학술적으로는 커다란 성취를 이룩하였다. 그의 많은 이름있는 저작들 중 「청대학술개론(清代學術概論)」이나 「중국역사연구법(中國歷史研究法)」 등은 모두 이 시기에 나온 것들로써 당시의 학술계와 교육계에 중대한 영향을 끼쳤다. 이런 저작들은 현재도 중국의 학술사상을 연구하는 데 중요한 참고자료가 되고 있다. 양계초는 청화연구원의 지도교수와 몇 개 대학의 교수를 담임하면서 중국의 학술계를 위하여 많은 인재를 배양하였다. 만년에 학술상에서 또 교육상에서 그는 다른 누구보다도 성망이 높았다고 할 수 있다.

---

2) 대표적으로는 「十種德性相反相成義」, 「教育政策私議」, 「新民說」, 「論中國學術思想變遷之大勢」, 「保教非所以尊孔論」 등이 있다.

2. 한국 근대교육사상에서의 위치

양계초가 당시 한국의 애국계몽사상가들에게 사상적으로 영향을 끼쳤다는 점은 여러 경로를 통해 확인되고 있다.

양계초의 글은 발표되는 즉시 한국에 들어와 당시의 지식인들 사이에서 널리 익히었다. 특히, 양계초가 쓴 교육 관련 논설 중 중요한 것인 「학교총론」, 「교육정책사의」, 「신민설」 등은 전문이 번역되어 당시의 애국계몽사상가에게 널리 읽히는 중요한 논설이었다.

그러면, 왜 이렇게 양계초의 글이 한국에서 환영을 받게 되었는가?

그것은 양계초의 글이 사회진화론을 밑바탕에 깔고 있었기 때문이다. 한국에서 진화론을 본격적으로 받아들인 시기는 1900년대였다. 당시 세계적으로 제국주의가 팽배하고 있었고 한국이 멸망의 위기에 처해 있었으므로 국민들은 약육강식하고, 적자생존한다는 진화론을 쉽게 받아들일 수 있었다. 특히 양계초는 당시의 세계를 "물경천택, 우승열패(物競天擇, 優勝劣敗)"[3]로 파악하고, 국가를 구하기 위해서는 힘을 길러야 한다는 것을 역설하였다. 이러한 주장은 당시 한국의 국가정세와 맞아 떨어져 당시 애국계몽사상

3) 적자생존과 생존경쟁을 의미한다.

가들의 열렬한 환영을 받았다. 따라서 당시 한국의 애국계몽사상가들은 교육하는 방법과 원리를 진화론적인 발전관에서 찾으려고 했다.

양계초가 한국교육사상가에게 끼친 영향은 앞에서 언급한 진화론 말고도 많이 있다. 그 중 중요한 것은 신민설의 영향이다. 당시 한국의 애국계몽사상가들은 양계초의 신민설을 받아들여 신국민 양성을 주장하였다. 그들은 위기를 극복하기 위해서는 국민의 정신과 자세를 새롭게 바꾸는 것이 근본적인 일이라고 보았던 것이다.

당시의 지식인들은 신민양성에 장애가 된다고 생각되는 구학문과 구사상 그리고 수구파에 대해 공격의 화살을 퍼부었고, 심지어 구학문과 구사상을 없애버려야 한다고 까지 주장하였다. 그리고 신민회를 만들어 국민의 정신을 개조하고 국권회복을 하고자 하였다. 이와 함께, 한국에서 당시에 주장되었던 신교육론도 양계초의 영향을 받은바가 크다. 이것은 앞에서도 언급하였지만 진화론에 입각한 양계초의 교육적 주장들이 당시에 타당하다고 인정되었기 때문이다. 특히 양계초의 영향을 받아 역사교육, 소설교육의 중요성이 대두되었다. 양계초의 영향은 한국 국민들에게 역사의식을 고취시켜 주었고, 또 사학자들로 하여금 민족중심으로, 민족이 처해있는 역경을 타개해 보려는 새로운 사관(史觀)을 내세우게 하였다. 이와 함께 양계초의 소설관의 영향을 받아 소설의 중요성을 인식하는 계기가 되어 소설을 통해 국민을 계몽시키려는 새로운 시도가 일어나게 되었다.

이러한 모든 것을 종합해 볼 때 양계초는 근대 한국의 교육사상계에서도 일정한 지위를 차지하고 있다고 말할 수 있다.

참고문헌

기본자료

戊戌變法, 上海人民出版社, 1957年版

舒新城, 中國近代教育史資料 上, 中, 下冊, 人民教育出版社, 1985年版

飮氷室合集, 上海中華書局, 1932年版

朱有瓛, 中國近代學制史料 第1輯下冊, 第2輯上, 下冊, 華東師大出版社, 1983年版

陳學恂, 中國近代教育文選, 人民教育出版社, 1993年版

陳學恂, 中國近代教育史教學參考資料 上冊, 人民教育出版社, 1993年版

夏曉虹, 梁啓超文選 上, 下卷, 中國廣播電視出版社, 1992年版

대조선독립협회보(제1-12호), 한국학문헌연구소편, 아세아문화사, 1978년

대한자강회회보, 한국문헌연구소편, 아세아문화사, 1976년

대한협회회보, 1908. 4-1909. 3

서북학회월보, 한국학문헌연구소편, 아세아문화사, 1976년

단행본

曲士培, 中國大學教育發展史, 山西教育出版社, 1993年

郭齊家, 中國教育思想史, 教育科學出版社, 1987年

孟祥才, 梁啓超傳, 北京出版社, 1980年

毛禮銳, 中國教育通史, 山東教育出版社, 1988年

王介平, 論改良主義者梁啓超, 「中國近代思想家研究論文選」, 1957

李喜所, 元靑, 梁啓超傳, 人民出版社, 1994年

張錫生, 中國德育思想史, 江蘇教育出版社, 1993年

鄭登云, 中國近代教育史, 華東師範大學出版社, 1994年
丁文江, 梁任公先生年譜長篇初稿, 世界書局, 1978年
鄭世興, 梁啓超教育思想, 幼師文化事業公司, 1981年
鄭判龍, 朝鮮學韓國學與中國學, 中國社會科學出版社, 1993年
周德昌, 中國教育家評說, 第3卷, 上海教育出版社, 1989年
이광린, 한국개화사상연구, 일조각, 1979년
이광린, 한국개화사연구, 일조각, 1979년

연구논문

顧黃初, 梁啓超講讀教育思想, 「教學通訊(文科版)」(河南), 1982年 第4期
郭爲藩, 梁啓超先生教育思想研究, 教育研究所, 1961年
郭正昭, 社會達爾文主義與晚淸學會運動, 「中研近代所集刊」, 1972年
具滋亿, 梁启超超与朴银植的教育思想比较研究。 北京师大博士论文, 1996
邱春, 梁啓超的教育思想, 「華北月刊」, 1934年, 第2卷第1期
金柄珉 外, 梁啓超與朝鮮近代小說, 「朝鮮學韓國學」, 中國社會科學出版社, 1993年
絡承烈, 梁啓超的教育思想, 「山東教育」, 1981年 第5期
徐振宗, 梁啓超對寫作教學法貢獻, 「北京師範大學學報(社科版)」, 1987年 第2期
王 林, 梁啓超的婦女解放思想, 「河南大學學報(哲社版)」, 1988年 第1期
王永貞, 戊戌變法後梁啓超在資産階級思想啓蒙中的作用, 「聊城師範學院學報(哲社版)」, 1987年 第3期
李匡惠, 梁啓超之教育思想及其對于師範教育之貢獻, 「教育學報」, 1941年 第6期
李錦全, 評梁啓超關于教育思想和人才學觀點的重要遺稿, 「學術研究」, 1983年 第6期
李必勝, 梁啓超人才思想評述, 「貴州師範大學學報」, 1991年 第3期

李華興, 梁啓超與中國近代化, 「歷史研究」, 1991年 第3期
張朋園, 梁啓超與淸季革命, 「中央研究所近代史研究專刊(11)」, 1982年版
張燕鏡, 教育救國與教育强國: 梁啓超關于教育社會作用的思想述評, 「教育研究」, 1993年 第7期
張璉瑰, 梁啓超著作在朝鮮的傳播, 「朝鮮研究文集」, 1983年 第2輯
程禹文, 略談梁啓超論兒童教育, 「北京師院學報(社科)」, 1992年 第2期
趙乃傳, 論梁啓超的教育思想, 「華東師大學報」, 1958年 第1期
周德昌, 論康有爲, 梁啓超在中國近代教育思想的貢獻, 「教育研究」, 1983年 10月
周德昌, 論梁啓超的教育思想, 「學術研究」, 1982年 2期
陳剛, 沈寶良, 沈僞麟, 試論梁啓超的語文教育思想, 「教育研究」, 1982年 第7期
崔志海, 梁啓超"新民說"的再認識, 「近代史研究」, 1989年 第4期
胡代勝, 論梁啓超新民思想的形成, 「中州學刊」, 1987年 第5期
胡維革, 梁啓超新民思想評論, 「東北師大學報(哲學社會科學版)」, 1993年 第3期
黃新憲, 梁啓超教育改革思想初探, 「教育研究」, 1987年 第4期
黃中, 梁啓超教育思想研究, 中國國立編譯館刊, 1978年
황종동, 양계초연구, 영남대학교 박사학위논문, 1982년
joseph r. levenson, liang ch'i-ch'ao and the mind of modern china, univ. of california press, 1967

찾아보기

가결서(歌訣書)_ 156
가노회(哥老會)_ 80
각국헌정이동론(各國憲政異同論)_ 63
강강(剛强)_ 203
강민구국(强民救國)_ 70
강상윤리설(綱常倫理說)_ 204
강양(康梁)_ 235
강유위(康有爲)_ 22, 29, 34, 79, 85, 194, 237
강학보(强學報)_ 32, 79
강학회(講學會)_ 31
개명전제론(開明專制論)_ 36
경고양서사우(警告兩西士友)_ 226
경국치세(經國治世)_ 197
경사대학당_ 34
경사대학당장정(京師大學堂章程)_ 46, 131
경서(經書)_ 150
경세치용(經世致用)_ 124
고서의 진위와 그 연대_ 49
공거상서(公車上書)_ 30, 31, 112
공교가(孔教歌)_ 156
공덕(公德)_ 93
공덕자(公德者)_ 93
공리공례(公理公例)_ 228
공법학(公法學)_ 43
공부자(孔夫子)_ 61
공양춘추(公羊春秋)_ 29
공양학파(公羊學派)_ 43
과거제_ 132
곽정소(郭正昭)_ 68
관서국(官書局)_ 31
관신계급(官紳階級)_ 135
관학대신(管學大臣)_ 47
광동체제(廣東體制)_ 76
광동향시(廣東鄉試)_ 27
광방언관(廣方言館)_ 169
광서(光緖)황제_ 45
광서제(光緖帝)_ 80
광주학해당(廣州學海堂)_ 26
교육의 종지_ 108
교육정책사의(教育政策私議) 142, 225, 237, 239

교육정책사의(教育政策私議)_ 51
교육회의소(教育會議所)_ 148
교주만(膠州灣)_ 87
교학공과표(教學功課表)_ 154, 155
구교운동(仇教運動)_ 79, 80
구망도존(救亡圖存)_ 85
구시서원(求是書院)_ 51
구유심영록(歐遊心影錄)_ 65
구학(舊學)_ 235
국풍보(國風報)_ 33
국학서목(國學書目)_ 190
국학입문서 요목과 그 독법(國學入門書要目及其讀法)_ 190
국혼_ 103
군덕(群德)_ 188
군력(群力)_ 188
군성(群性)_ 202
군지(群智)_ 188
군체(群體)_ 93, 187, 203
기서문(記敍文)_ 201
김하염(金河琰)_ 216, 226

난세(亂世)_ 29
남개대학(南開大學)_ 41, 48
남경조약(南京條約)_ 82
남학회(南學會)_ 42
논교육당정논지(論教育當定論旨)_ 108
논변문(論辯文)_ 201
논사범(論師範)_ 226
논여학(論女學)_ 226
논유학(論幼學)_ 150, 227
논자유(論自由)_ 97

담사동(譚嗣同)_ 35, 42
대동(大同)_ 60
대동삼세삼통지설(大同三世三統之說)_ 56
대성학교_ 223
대조선독립협회회보_ 209
대학(大學)_ 60
대학당(大學堂)_ 131, 167
대한매일신보_ 221
덕술겸수(德術兼修)_ 111
독군단(督軍團)_ 40
독서인(讀書人)_ 135
동림서원(東林書院)_ 176
동문관(同文館)_ 135, 164, 169
동자시(童子試)_ 26

마관조약(馬關條約)_ 86, 211
마군무(馬君武)_ 68
만목초당(萬木草堂)_ 28, 43, 56, 62, 71, 236

맹자(孟子)_ 44
명정국시(明定國是)_ 80
모이형(毛以亨)_ 26, 28
모험용진위청년천직(冒險勇進爲青年天職)_ 216
무과거(武科擧)_ 83
무술변법_ 184
무술신정(戊戌新政)_ 81
무술유신_ 85
무술정변(戊戌政變)_ 210
무술정변기(戊戌政變記)_ 35, 214
무창기의(武昌起義)_ 81
묵경교석(墨經校釋)_ 41
묵의(墨義)_ 116, 132
묵자학안(墨子學案)_ 41
문명진화론(文明進化論)_ 219
문무합일(文武合一)_ 111
문이재도(文以載道)_ 193
물경천택(物競天擇)_ 70, 99, 239
물종원시론(物種原始論)_ 68
민력(民力)_ 86, 220
민보_ 81
민위귀(民爲貴)_ 89
민족경쟁의 대세를 논함(論民族競爭之大勢)_ 69
민지(民智)_ 31, 86, 113, 220
박은식(朴殷植)_ 208, 226
백록동서원(白鹿洞書院)_ 176
백일유신(百日維新)_ 34, 236
백책발간축사(百冊發刊祝辭)_ 63
번법통의(變法通議)_ 32
번역국_ 48
번역학당_ 48
범원렴(范源濂)_ 44
변법(變法)_ 112
변법도강(變法圖强)_ 159, 161, 173
변법유신_ 31, 46, 237
변법통의(變法通議)_ 49
변법통의(變法通議)_ 66, 135
변법통의서(變法通議序)_ 227
병예(兵藝)_ 123
보국회(保國會)_ 45
불교와 군치의 관계를 논함(論佛教與群治之關係)_ 72

사덕(私德)_ 102
사범양성의 급무_ 226
사숙학교(私塾學校)_ 164
사이불사(士而不士)_ 118
사인(士人)_ 116, 132, 141
삼세지설(三世之說)_ 29
삼십자술(三十自述)_ 27, 54, 63
삼육병중(三育竝重)_ 111

삼책(三策)_ 136, 140
상무주의 사조_ 101
상보(湘報)_ 42
상유(上諭)_ 45
상학보(湘學報)_ 33
상학신보(湘學新報)_ 42
생리분리(生利分利)_ 159
생존경쟁(生存競爭)_ 218
서길사(庶吉士)_ 140
서문학습학당(西文學習學堂)_ 123
서사삼국지(瑞士三國志)_ 230
서예학습학당(西藝學習學堂)_ 123
서우(西友)_ 216, 226
서정(西政)_ 170
서정총서(西政叢書)_ 171
서태후(西太后)_ 80
서학(西學)_ 88
서학겸습(西學兼習)_ 43
서학도_ 124
선진경서(先秦經書)_ 191
성취의 자(成就之者)_ 185
세계진화사(世界進化史)_ 219
소설가의 추세_ 231
소설과 군치의 관계를 논함(論小說與群治之關係)_ 194, 229
소학당(小學堂)부터_ 131
속신과과주의(束身寡過主義)_ 204
손황(孫黃)_ 235
송연생(宋燕生)_ 71
수사일과(水師一科)_ 84
수사학당(水師學堂)_ 164, 169
스펜서(spencer)_ 217
승관발재(升官發財)_ 107
승평세(升平世)_ 29, 121
시모노세키조약(下關條約)_ 78
시무보(時務報)_ 86, 135
시무학당(時務學堂)_ 42, 88, 235
시부(詩賦)_ 132
시이언지(詩以言志)_ 193
시학관(視學官)_ 149
신국(新國)_ 238
신민(新民) 양성_ 185
신민(新民)_ 60, 90, 127, 173, 193, 238
신민설(新民說)_ 52, 89, 216, 220, 238
신민양성이 금일 중국의 제일 급선무(論新民爲今日中國第一急務)_ 221
신민총보(新民叢報)_ 35, 38, 51, 81, 210, 220
신민회(新民會)_ 215
신정(新政)_ 123, 130
신종보경독(晨鐘普警讀)_ 216

신채호(申采浩)_ 208, 215, 231
신축조약(辛丑條約)_ 81
신학(新學)_ 235
신해혁명(辛亥革命)_ 39
심상사범(尋常師範)_ 143

아편전쟁_ 77
안창호(安昌浩)_ 223
약지약능(弱智弱能)_ 150
양계초_ 22
양무운동(洋務運動)_ 78
양무파(洋務派)_ 164
엄복(嚴復)_ 22, 68, 121, 217
여순조차(旅順租借)_ 80
여원홍(黎元洪)_ 39
여자교육의 긴박임무(女子教育之緊迫任務)_ 226
역(易)_ 62
역사연구법보충편_ 49
역인정치소설서(譯印政治小說序)_ 230
영환지략(瀛環志略)_ 27
예학(藝學)_ 170
예학서원(藝學書院)_ 135
오경(五經)_ 25
오성(悟性)_ 154
오안남(吳雁南)_ 61
오안주(吳雁舟)_ 71
옹동화(翁同龢)_ 34
왕국유(王國維)_ 48
왕삼연(王森然)게_ 200
왕양명(王陽明)_ 56
요적 해제와 그 독법(要籍解題及其讀法)_ 190
용언보(庸言報)_ 39
우승열패(優勝劣敗)_ 101, 193, 219, 239
원세개(袁世凱)_ 39
원영의(元泳義)_ 219
위원(魏源)_ 82, 84
유가철학_ 49
유근(柳瑾)_ 219
유도(儒道)_ 57
유신변법이론_ 22
유신파_ 22
유인식(柳寅植)_ 208
유전상(流轉相)_ 71
음빙실문집(飮氷室文集)_ 210, 224
의력(毅力)_ 100, 126, 221
의리의 학_ 29
의화단운동_ 81
의화단의 난_ 35
이단분(李端棻)_ 27
이도재(李道宰)_ 226

이태리건국3걸전(伊太利建國三杰傳)_ 231
이혜선(李蕙仙)_ 41
인군(人群)_ 228
인군진화(人群進化)_ 228
인군진화론(人群進化論)_ 219
인류의 시조_ 68
인인상선기군(人人相善其群)_ 204
일본 심상사범학교(尋常師範學校) 제도_ 167
임계(林啓)_ 51
임인학제(壬寅學制)_ 143
입지수신(立志修身)_ 161
잉육자(孕育者)_ 185

자(刺)_ 196
자서(子書)_ 191
장건(張謇)_ 84
장고학(掌故學)_ 43
장흥학기(長興學記)_ 28
적자생존(適者生存)_ 92, 217
전족(纏足)_ 158
정문강(丁文江)_ 36
정예병진(政藝幷進)_ 51
정치학원_ 172
정학(政學)_ 133
제(提)_ 196
제자약서(諸子略序)_ 193
족제진화론(族制進化論)_ 219
종지(宗旨)_ 85, 106
중국국민의 품격을 논함(論中國國民之品格)_ 70
중국동맹회(中國同盟會)_ 81
중국문화사목록_ 41
중국약사(中國略史)_ 25
중국역사연구법(中國歷史硏究法)_ 41, 238
중국혼(中國魂)_ 89
중서겸습(中西兼習)_ 51
중서병용(中西竝用)_ 46
중서의통(中西之通)_ 88
중서학당(中西學堂)_ 46
중외공보(中外公報)_ 31
중용(中庸)_ 60
중책(中策)_ 137
중체서용론적(中體西用論的)_ 123
중학(中學)_ 46, 124
중학국문교학개요(中學國文教學概要)_ 200
중화사상(中華思想)_ 78
지금 소설가의 주의(近今小說家的注意)_ 231
지나내학원(支那內學院)_ 72
지신보(知新報)_ 33

진명휘론(進明彙論)_ 219
진보잠(陳寶箴)_ 42
진천추(陳千秋)_ 27
진화론_ 218
진화론_ 68
진화와 윤리(evolution & ethics and essays)_ 217

참정원(參政院)_ 39
채악(蔡鍔)_ 44
책론(策論)_ 134, 236
천연론(天演論)_ 68, 217
천하위공(天下爲公)_ 89
첩경(帖經)_ 132
첩괄(帖括)_ 116
청국형세가비(淸國形勢可悲)_ 209
청년학우회_ 223
청대학술개론(淸代學術槪論)_ 41, 238
청의보(淸議報)_ 35, 63, 210
청일수호조약(淸日修好條約)_ 78
청화연구원(淸華硏究院)_ 23, 48, 238
총리위문(總理衛門)_ 78
춘추공양전(春秋公羊傳)_ 44
춘추삼세(春秋三世)_ 29
충군보황(忠君保皇)_ 38
취사제도(取士制度)_ 137
치국평천하(治國平天下)_ 193
치국평천하(治國平天下)_ 60
치부치강(致富致强)_ 170
침(浸)_ 196

태극서관_ 223
태평세(太平世)_ 29, 114
태평천국(太平天國)_ 77
태평천국난_ 76
톈진조약_ 77

팔고(八股)_ 34, 45, 236
팔고문(八股文) 학습_ 151
팔고문(八股文)_ 26, 58
팔고취사(八股取士)_ 46, 116, 132
패관(稗官)_ 193
패주제(覇主制)_ 69
폐제국(幣制國)_ 39

하수경(夏穗卿)_ 71
학관(學官)_ 164
학교총론(學校總論)_ 225, 239
학규(學規)_ 46, 56
학해당(學海堂)_ 26
한국의 신국민_ 221
한서문예지(漢書文藝志)_ 193

합군(合群)_ 99, 221
해법(楷法)_ 132
헉슬리(huxley)_ 217
호남시무학당(湖南時務學堂)_ 23, 33
호남학보_ 216
호족제(豪族制)_ 69
홍양(洪楊)_ 235
화의협정(和議協定)_ 30
황성신문(皇城新聞)_ 210
황준헌(黃遵憲)_ 32, 42
후쿠자와 유키치(福澤諭吉)_ 227
훈(熏)_ 196

19세기구주문명진화론(十九世紀歐洲文明進化論)_ 219
20세기 신국민_ 221
3세설(三世說)_ 121, 199
4학(四學)_ 28
4행(四行)_ 28
6경대의(六經大義)_ 168

■ 저자약력

구자억(具滋億)

대학혁신전문가이자 중국교육전문가이다. 그는 베이징사범대학에서 비교교육전공으로 교육학박사학위를 받았다. 2023년 현재 서경대학교 혁신부총장, 국제융합대학원장, 창업교육연구소장이며, 한국대학컨설팅협회 회장, 한국창업교육학회 회장, 사단법인 한중교육교류협회 회장, 절강미디어대학 객좌교수를 맡고 있다.

그는 대학에 오기 전 총리실 소속 국책연구기관인 한국교육개발원(KEDI)에서 선임연구위원으로 기획처장, 교육통계평가본부장, 교육기관평가연구센터 소장 등을 역임하는 등 한국교육정책 관련 연구활동을 해왔다. 대학으로 자리를 옮겨서는 서경대학교에서 대학원장, 혁신기획처장, 교양대학장, 대외협력본부장 등을 역임했으며, 극동대학교 석좌교수, 혁신부총장을 지내기도 했다.

한편 그는 정부나 지자체에서도 활발한 자문활동을 하였다. 교육부 정책자문위원, 시도교육청평가위원, 대학설립심사위원, 교원양성기관평가위원, 대통령자문 농어업, 농어촌 특별대책위원회 위원, 충청남도 환황해특별위원회 위원, 경기도교육감 인수위 재정분과위원장, 대구 및 경북교육청 정책자문위원 등이 그것이다.

또 그는 공정교육혁신포럼 공동대표, 한국교육포럼 회장, 한국중국유학총연합회회장, 한중미래전략포럼 회장, 한중교육학회장, 국민행복교육포럼 공동대표, 재단법인 한국녹색문화재단 이사, 목재문화포럼 교육위원장 등 여러 사회단체에서 활동하기도 했다.

상훈으로는 대통령표창(2011), 국민훈장 석류장(2014), 한국사회공헌대상(2014), 대한민국문화경영대상(2014), 제5회 대한민국 무궁화평화대상(2018), INAK 사회공헌대상(2018), 대한민국교육산업대상(2019) 외 다수가 있다.

현재 구자억은 한국대학의 지속가능한 발전을 위한 다양한 대안과 발전방안을 가까운 전문가 그룹과 함께 고민하고 있다. 또 한국의 미래는 창업에 있다고 보고 창업교육의 활성화를 위해 노력하고 있기도 하다.

양계초론 양계초 사상과 교육관

초판발행 2024년 1월 5일 **1판 1쇄 인쇄** | 2024년 1월 10일 **1판 1쇄 발행**

지은이 구자억
펴낸이 최용구 | **펴낸곳** 도서출판 **신정**
주소 (04316) 서울시 용산구 원효로 89길 19 (원효로1가)
전화 02) 3211-4782, 0266(영업부), 3211-4783(편집부), 3211-4784(팩스)
이메일 shinjeong72@naver.com | **홈페이지** www.sjbook.co.kr
등록 2001년 5월 11일 제13-702호
기획마케팅 최용구 장만동 송대용 최충구 | **책임편집** 석기은 황가연

ISBN 978-89-5912-890-7 93370
정가 17,000원